Georg Langenhorst

Auferweckt ins Leben

Georg Langenhorst

Auferweckt ins Leben

Die Osterbotschaft neu entdeckt

HERDER

FREIBURG · BASEL · WIEN

Zum Autor:

Georg Langenhorst, geb. 1962, Dr. theol., Inhaber der Lehrstuhls für Didaktik des Katholischen Religionsunterrichts und Religionspädagogik an der Katholisch-Theologischen Fakultät der Universität Augsburg; viel gefragter Referent in der Erwachsenenbildung; Autor zahlreicher Bücher, vor allem im Grenzbereich von Theologie und Literatur. 2016 erschienen: »Als ein Kind bist du gekommen. Die Weihnachtsbotschaft neu entdeckt«.

© Verlag Herder GmbH, Freiburg im Breisgau 2018
Alle Rechte vorbehalten
www.herder.de

Umschlaggestaltung: Finken und Bumiller, Stuttgart
Umschlagfoto oben: © Raffaelino del Colle, Auferstehung Christi, 1522–1525, Kathedrale von Sansepolcro (Arezzo), Italien
unten: © Clodio, iStock
Illustrationen im Innenteil: Ulrike Vetter, Leipzig
Satz: post scriptum, Vogtsburg-Burkheim/Hüfingen
Herstellung: Těšínská Tiskárna a.s., Český Těšín

Printed in the Czech Republic

ISBN 978-3-451-37801-0

Inhalt

INHALT

»Lieber nicht von Gott reden,
als in der alten,
verdreschten,
verbrauchten Sprache«
Silja Walter, 1985

»überwältigt betrete ich
den aufwachraum ins unbegrenzte«
Andreas Knapp, 2014

»Ostern ist jetzt, und jetzt, und jetzt«
Peter Handke, 2016

Hinführung

»Ostern ist jetzt, und jetzt, und jetzt« (*Handke* 2016, S. 100), schreibt der österreichische Schriftsteller *Peter Handke* in seinen 2016 erschienenen Notaten »Vor der Baumschattenwand nachts«. In der Tat: Das Christentum stand von Anfang an und steht bleibend ganz im Zeichen von Ostern. Ohne dieses Fest, ohne den Glauben an die Auferweckung aus dem Tod, hätte sich diese Religion nicht entwickelt, wäre der ganze christliche Glaube haltlos. So sehr wir die Erinnerung an die Auferweckung Jesu an einem Tag im Jahr in besonderer Form feiern, so sehr sollte der Geist dieses Festes den Alltag bestimmen.

Aber *was* bekennen Christinnen und Christen denn wirklich mit dem Glauben an die Auferweckung Jesu? *Wie* gestalten wir unser Leben in der immer wieder neu bekräftigten Hoffnung, dass auch wir nicht im Tod bleiben, sondern auferweckt werden zu einem ›ewigen Leben‹, zu einem ›Sein bei Gott‹? Ist Ostern wirklich der Wärmestrom, der die Grundtemperatur unseres Lebens speist? Der Pulsschlag, der dem Alltag genauso seinen Rhythmus einzeichnet wie den extremen Höhen und Tiefen unseres Daseins? Was also heißt das: Leben aus der Strahlkraft Osterns? Bei allen Versuchen der Beantwortung dieser Fragen kommt unsere Denkfähigkeit, kommen aber auch unsere sprachlichen Ausdrucksmöglichkeiten schnell an Grenzen. Die Vermittlung dieses Glaubens an unsere Kinder und Jugendlichen ist schwierig. Die Verständigung mit

Nichtgläubigen kompliziert. Umso wichtiger, sich dieser Aufgabe immer wieder neu zu stellen. Genau das soll im vorliegenden Buch versucht werden.

Zunächst ist dabei schlicht einzuräumen: Ostern steht als christliches Fest *im Schatten von Weihnachten*. Da mögen die Theologinnen und Theologen aller Konfessionen noch so sehr betonen, dass der Tod und die Auferweckung Jesu an Karfreitag und Ostern das ureigenste Herzstück des Christentums seien: In der Mentalität der überwiegenden Mehrzahl der Christen steht Weihnachten im Vordergrund (vgl. *Langenhorst* 2016a).

❋ Die Intensität der adventlichen Vorbereitung,

❋ der Termin am Ende des Jahres und als Wendepunkt der längsten Nacht,

❋ der Aufwand im Blick auf Geschenke und Gestaltung,

❋ die Verankerung im Brauchtum,

❋ die familiär ausgebildeten Traditionen,

❋ die augenfällige, in vielfältigen Einzelelementen gestaltete Lichtmetaphorik,

❋ das archetypische Hoffnungsbild des neugeborenen Kindes,

❋ die Bekanntheit und Beliebtheit des zugehörigen Liedgutes,

❋ die jedes Jahr bei Weitem höchste Quote des Gottesdienstbesuchs,

all das belegt mehr als eindeutig, wie sehr unserer Kultur – wenn überhaupt, dann – ein »Weihnachts-Christentum«* (*Matthias Mor-*

---

* Im Text werden *Zitate* nur in Kurzform markiert. Alle ausführlichen Angaben und Belege finden sich am Ende des Buches in der Bibliografie. Bibelzitate sind der revidierten Einheitsübersetzung (2016) entnommen.

genroth) eingezeichnet ist. Mit Karfreitag und Ostern, mit Leiden, Sterben und Tod auf der einen, Auferweckung und einem ›Leben nach dem Tod‹ auf der anderen Seite, wird vieles komplizierter. Fragwürdiger. Rätselhafter. Überhaupt: Ostern hinterlässt im Alltag weniger Spuren. Wird leichter eingeschmolzen in die Indifferenz der Lebensroutine.

»Gehst du zu Ostern in die Kirche?« Dieser Frage stellten sich Anfang des Jahrtausends Neuntklässler in einer repräsentativen Umfrage des Würzburger Religionspädagogen *Hans-Georg Ziebertz* (*Ziebertz* 2003, S. 131). Ein Gottesdienstbesuch zu Ostern? Immerhin 38,4 Prozent bestätigen, »sehr oft« an einem Ostergottesdienst teilzunehmen, weitere 14,1 Prozent antworten mit »öfter«, noch einmal 12 Prozent mit »ab und zu«. 26,2 Prozent legten sich auf »nie« fest. Keine schlechten Werte! Gewiss müsste man diese Zahlen regional ausdifferenzieren. Zudem sind die Zustimmungsquoten seitdem sicherlich gefallen (neue Untersuchungen zu dieser speziellen Frage liegen jedoch nicht vor).

Aufschlussreich sind aber in jedem Fall die Vergleichswerte. Die Parallelfrage »Gehst du zu *Weihnachten* in die Kirche?« beantworteten mit einer weitaus höheren Zustimmungsquote 61,4 Prozent mit »sehr oft«, weitere 10,6 Prozent mit »öfter«, noch einmal 7,6 Prozent mit »ab und zu«. Nur 15,2 Prozent kreuzten die Antwort »nie« an. Die auch durch empirische Werte belegbare Tendenz ist also eindeutig: Wenn das Christentum in einem Fest seine gebündelte Gestalt gewinnt, dann in Weihnachten.

Ostern, das Fest im Schatten? Zweitrangig? Kompliziert?

Ingeborg Drewitz: Es geht uns nichts an

All diese Beobachtungen hat die Berliner Erzählerin und Lyrikerin *Ingeborg Drewitz* (1923–1986) in einem schon 1978 veröffentlichten Gedicht (*Drewitz* 1978, S. 124) gebündelt:

Ostern

Vier freie Tage. Was reden sie
von Karfreitag und Kreuzigung
und dass einer auferstanden ist.
Auf den Autobahnen staut der Verkehr.

Übliche Unfälle, was reden sie
von Karfreitag und Kreuzigung?
Für die Ostertoten steht die Versicherung ein.
Was soll's. Normale Opfer.

Und da sagt einer, wir verstehen ihn nicht,
er ist für die Menschen gestorben,
wie ein Verbrecher ans Kreuz geschlagen.
Richtig, sagen alle, wir verstehen das nicht.

Es geht uns nichts an, sagen sie, sagst du,
wahrscheinlich ein Spinner, aber wir
haben vier freie Tage vor uns.
Die Radio- und Fernsehprogramme spielen noch Ostern.
Ingeborg Drewitz

Das reimlose Vierstrophengedicht arbeitet mit bildhaften Gegensätzen. Auf der einen Seite stehen »sie«, diejenigen, die als Christen trotzig und unverdrossen die Osterbotschaft verkündigen. Von »Karfreitag und Kreuzigung« reden sie und davon, »dass einer auferstanden ist«. Dass er »wie ein Verbrecher ans Kreuz geschlagen« und »für die Menschen gestorben« sei. Wie Fremdkörper wirken diese Aussagen. Aus der Zeit gefallen. Unverständlich.

Kein Wunder deshalb: »Wir« – die Gedichtsprecherin schließt sich selbst in Figurenrede in diese Position mit ein – »*wir* verstehen das nicht«, »alle«. Solche Rede ist ›Spinnerei‹, Unsinn, bedeutungslos. Sie »geht uns nichts an«. Für ›uns‹ ist allein wichtig, dass wir »vier freie Tage« vor uns haben, Stau auf den Autobahnen hin oder her. Immerhin dazu ist das Christentum noch gut: Es sorgt für eine arbeitsfreie Unterbrechung der alltäglichen Routine. Dass die »Radio- und Fernsehprogramme« das ›Spiel‹ von Ostern noch mit betreiben, stört dabei nur am Rande. Und – so wird man aus heutiger Perspektive des Jahres 2018 sagen – ein Großteil der Medien hat sich selbst von dieser halbherzigen Mitspielpflicht inzwischen längst befreit.

Auffällig: Dieses Ostergedicht ist aus der Sicht von Nicht-Gläubigen verfasst. Sie zitieren verwundert und befremdet die bedeutungslos und absurd gewordenen biblischen Sprach- und Denktraditionen. Sie kommentieren lakonisch, dass die heutigen Kreuzigungen an den Abbiegespuren der Autobahnen stattfinden. Nicht Auferstehung bestimmt diese Welt, sondern im schlimmsten Fall die Sterbeversicherung der Verkehrsopfer, die doppelsinnig als »Ostertote« bezeichnet werden.

An einer Stelle wird die Gegenübersetzung von »sie« und »wir« freilich durchbrochen: »du« stimmst in diese Rede mit ein; »du«, Leserin oder Leser des Gedichts, schließt dich der Meinung des Mainstreams an, dass uns das alles doch nichts angeht. Diese direkte, stilistisch in Gedichten unübliche Anrede verdeutlicht, dass Gedichtsprecherin und Autorin keineswegs identisch sind. Die Autorin tritt aus dem Gedicht heraus, lässt sich auf diese Weise selbst nicht auf eine der benannten Positionen festlegen. Sie fordert durch diesen Kunstgriff zur Stellungnahme heraus: *Auf welcher Seite stehst »du« wirklich, Leser oder Leserin?* Auf der Seite derjenigen, die mit Religion abgeschlossen haben und Ostern nur noch als nette Durchbrechung der Alltagsroutine sehen? Oder auf der Seite derjenigen, die beharrlich die religiöse Osterbotschaft hören und weitertragen, mir ihr ringen, die aus ihr zu leben und sie immer wieder neu zu verstehen suchen?

Begeben wir uns von der Basis dieser grundlegenden Alternative aus auf eine Suche danach, was *Ostern heute* bedeuten kann, in all den Banalitäten des Alltags, angesichts all derer, die davon ausgehen, dass es sie ›nichts angeht‹. Wie kann es gelingen, seinem eigenen Dasein eine österliche Spur einzuzeichnen, nicht nur im Blick auf die Feiertage selbst, sondern als pulsierender Wärmestrom für das Leben allgemein? Welche Worte und Begriffe helfen dabei, Ostern dem ›Nicht-Verstehen‹ zu entreißen? Welche biblischen Figuren dienen dazu als Vorbild, welche Bräuche geben dem erlebbare Gestalt? Genau zu solchen Suchgängen lädt dieses Buch ein.

Denn es gibt ja durchaus Gegensignale: Zum einen schätzen viele Christen – aber auch Suchende und Nichtglaubende – Ostern als Fest gerade deswegen, weil es im Gegensatz zu Weihnachten nicht so überladen ist mit Erwartungen, Stimmungseinforderungen und Konsum-Überhäufung. In ruhigerer Rahmung kann man sich hier auf das konzentrieren, was wichtig werden soll: Familie, Gemeinsamkeit, Besinnung auf die religiösen Wurzeln. Gerade am Beginn des Frühjahrs bricht ein neuer Aufschwung zum Leben auf, den die Osternacht idealtypisch verkörpert. Zum anderen erlauben diese Tage auch eine religiöse Besinnung, die nicht von Kitsch, erwartungsüberladenem Familienidyll und dem kommerzialisierten Geschenkgedanken bestimmt ist (oder sein muss), sondern die Grundfragen des Lebens in aller Härte und Klarheit stellt.

Den Karfreitag kann man ablehnen und seine rechtliche Hervorhebung als ›stiller Tag‹ für überholt erklären. Die Kritik am damit verbundenen Verbot von öffentlichen Vergnügungsveranstaltungen nimmt von Jahr zu Jahr zu. Wenn nur noch eine gesellschaftliche Minderheit diese Regelung als sinnvoll ansieht, wird sie irgendwann politisch sinnlos. Das ist absehbar und konsequent. Immerhin: Den Karfreitag kann man nicht konsumistisch funktionalisieren, nicht verharmlosen oder verkitschen. Und die österliche Botschaft der Auferweckung hält Christinnen und Christen den Spiegel vor: Wie kann man dieses Grundgeheimnis des Christentums verstehen, sei es mit dem Verstand, sei es mit dem Herzen, sei es mit beidem? Glaubst *du* das? Und *woran* genau glaubst du? Was erhoffst du dir für dein Leben und darüber hinaus? Hat diese Hoffnung eine dein Leben prägende Bedeutung für dich? Trägt es dein Leben in Höhen und durch Tiefen? Dabei steht von Anfang an fest: Die Aussage, dass Jesus von Nazaret nicht im Tod geblie-

ben ist, sondern auferweckt wurde zu ›ewigem Leben‹, ist eine
Zumutung und bleibt eine Provokation: Schon Paulus benennt sie
als »Torheit« (1 Kor 1,21).

Die Anfrage ist also schon fast 2000 Jahre alt: Ist die österliche
Hoffnung nichts anderes als das Ergebnis einer zwar zutiefst nachvollziehbaren, gleichwohl leicht durchschaubaren Wunschprojek-
tion? Zündet das Christentum – bewusst oder in Selbsttäuschung
– beständig »spirituelle Nebelkerzen«, um die Welt vordergrün-
dig zu »verhübschen« (vgl. *Striet* 2015)? Oder hält es umgekehrt
in der Rede und Feier von Ostern eine urmenschliche Sehnsucht
aufrecht, ohne die das Menschsein um eine wesentliche Dimension ärmer wäre? Vertröstung oder rebellische Hoffnung; Über-
tünchung der Realität oder Quellgrund des lebensnotwendigen
Möglichkeitssinns; Verhinderung des Zu-Sich-Selbst-Kommens
des selbstverantwortlichen Menschen oder Ermöglichung des
Immer-Wieder-neu-Ausgreifens nach Veränderung aus Hoffnung
heraus? – An Ostern scheiden sich die Geister.

Sprachregeln: ›Wovon man nicht sprechen kann, darüber muss man dichten‹!

Bevor wir all jene einzelnen Motive und Erzählelemente von Karfreitag, Passion und Ostern näher betrachten und auf die Gegenwart hin ausdeuten, werfen wir zunächst einen Blick auf die *Erzähl-
und Denkebenen* des Ostergeschehens. *Eine* Grenze des Verstandes
hat sich seit Menschengedenken als unüberwindbar gezeigt. So alt

die Idee ist, dass es Götter, dass es einen Gott gibt, so alt ist die schmerzhafte Einsicht, dass man ihn im Letzten nicht ›verstehen‹ kann. Die menschliche Sprache stößt hier an ihre Grenzen. Und mit ihr die Möglichkeiten der rationalen Erfassbarkeit.

Am Osterglauben wird diese Problematik besonders deutlich. *Kurt Marti* (1921–2017), der Altmeister religiöser Lyrik, benennt die Einsicht messerscharf: Die »Sprache bekommt Ostern nicht in den Griff. Die theologischen Begriffe, mit denen wir operieren, strahlen zwar Schönheit aus, sind trotzdem aber nicht fähig, das seinerzeitige Ostergeschehen hinlänglich zu klären, geschweige denn zu erklären.« (*Marti* 2005, S. 87)

Damit wird schon spürbar: Die Grenzen unserer Sprache erfahren gerade jene als besonders schmerzvoll, die mehr als alle anderen um das rechte Wort ringen: die Dichter, denen nicht zufällig ein wichtiger Sprachanteil in diesem Buch zukommen wird. Von ihnen kann man wichtige Einsichten in die Chancen und Grenzen von Sprache lernen. Ein eindrückliches Beispiel kann das belegen. Gleich *sechs Schritte* im angemessenen Umgang mit der Sprache an der Grenze des Sagbaren lassen sich von einer außergewöhnlichen und in keiner Weise repräsentativen, religiös wie literarisch einzigartigen Lehrerin lernen, von der Ordensfrau *Silja Walter* (1919–2011).

Sie war eine Ausnahmeerscheinung in der deutschsprachigen Literatur. Ihr Vater, streng katholisch, war ein erfolgreicher Verleger, Urtyp des Firmengründers in der industriellen Aufbruchzeit, ein Patriarch, Nationalrat, Offizier, Vater von neun Kindern. Das jüngste der Geschwister, der einzige Sohn *Otto F. Walter*

(1928–1994), neun Jahre jünger als die Zweitälteste Silja, wurde Verlagslektor und erfolgreicher Romancier, brach aber völlig mit der Welt, für die der Vater stand: der Welt des Unternehmertums, der Bürgerlichkeit, des Katholizismus. Sie selbst, Silja, trat nach akademischer Ausbildung im Alter von 29 Jahren zur allgemeinen Überraschung in das kontemplative Benediktinerinnenkloster Fahr bei Zürich ein, wo sie bis zu ihrem Tod in monastischer Klausur lebte. Man hatte der außergewöhnlichen jungen Frau eine glänzende weltliche Karriere, einen Lebenslauf mit Strahlkraft in die Gesellschaft prophezeit. Sie wollte es anders. Als Ordensfrau Schwester Maria Hedwig verfasste sie weithin beachtete Lyrik, Oratorientexte und religiöse Spiele oder Erzählungen, um den Sinn klösterlich-kontemplativen Lebens in der heutigen Zeit zu verdeutlichen.

Für unsere Fragestellung zentral: Im Jahr 1982 führte Silja Walter ein Aufsehen erregendes Radio-Gespräch mit ihrem Bruder, aufgezeichnet bei ihr im Kloster, ein Jahr später veröffentlicht unter dem Titel »Eine Insel finden«. Was für eine Konstellation: Hier sie, die in Klausur lebende dreiundsechzigjährige Ordensfrau; dort er, der jüngere Bruder, der Religion weitgehend entfremdet, sozialistisch-politisch engagiert, vom Leben desillusioniert, aber weiterhin kämpferisch aktiv im Einsatz für eine bessere Welt. Zwanzig Jahre lang hatten sie einander nicht gesehen. Zwei Welten, zwei unterschiedliche Lebenserfahrungen prallen aufeinander, verbunden durch die erinnerte geschwisterliche Sympathie und die gemeinsame Kindheitserfahrung, die beide jedoch völlig anders erlebt und in Erinnerung behalten haben. Die Themen des Gesprächs ergeben

sich wie von selbst: das Elternhaus, die so eigenständig verlaufen-
den Lebenslinien, der Sinn des Schreibens, die unterschiedlichen
Auffassungen über Religion, über das Christentum, über die konkret erfahrene Welt des Katholizismus.

Im Kern des Gesprächs aber geht es um die *Gottesfrage*: Silja
Walter will dem Bruder ihre Welt, ihren Glauben, ihren Weg ins
Kloster, ihr Leben dort, ihr Schreiben auf der Grenze zwischen
Sagbarem und Unsagbarem verständlich machen. Doch wie erklärt
man religiöse Überzeugungen? Welche Sprache ist dafür geeignet? Es fallen Worte ehrlichen Ringens und Suchens. Silja Walter
gesteht ganz offen:

>Ich kann das Absolute nicht beschreiben. Und trotzdem. Trotz-
dem bemühe ich mich immer wieder, einen Ausdruck dafür
zu finden. Nicht Begriffe, nein, vor allem nicht alte Begriffe.
Lieber nicht von Gott reden, als in der alten, verdreschten, verbrauchten Sprache. Ich bemühe mich vielmehr um das Finden
von neuen Bildern, Symbolen. […] Aber da bleibt trotzdem eine
Unzulänglichkeit. Und unter dieser Unzulänglichkeit, über Gott
reden zu können, leide ich.« (*Walter* 2001, S. 193 f.)

In diesen wenigen, aber dichten Aussagen finden sich tiefe Einsichten in die *Grundbedingungen von religiöser* und darin auch theologischer *Sprache*, ausgespannt in einer ständigen Pendelbewegung
zwischen einem optimistischen Betonen der Chancen und Möglichkeiten auf der einen, des Bedenkens der Grenzen und Hürden
auf der anderen Seite. Folgen wir Silja Walters Sprachschule in

sechs Schritten, zugespitzt auf unsere Fragestellung, wie man von
Ostern reden kann.

1. »*Ich kann das Absolute nicht beschreiben.*« – Ausgangspunkt eines jeglichen Nachdenkens über den Versuch, den eigenen
Gottesglauben in Sprache zu gießen, ist das Eingeständnis
und Bewusstsein: Rational zutreffend, philosophisch stimmig,
sachlogisch zwingend überzeugend von Gott zu reden ist für
Menschen unmöglich. Schon in der Bibel, erst recht in der
Theologie, auch in der Dichtung entzieht sich die Rede von Auferweckung einem jeglichen definitions- und analysebesessenen
Zugriff. Was aber folgt aus dieser Einsicht? Gewiss kann man
aus guten Gründen mit dem Philosophen *Ludwig Wittgenstein*
zu dem Ergebnis kommen: »Wovon man nicht sprechen kann,
darüber muss man schweigen!« (*Wittgenstein* 2001, S. 178) – das
ist menschlich verständlich und für einen Philosophen eine
redliche Option. Und viele Zeitgenossen folgen bewusst oder
instinktiv dieser Option. Für die meisten religiösen Menschen
ist diese Denkspur jedoch keine Alternative. Unser Weg führt
uns weiter im Gefolge der Sprachschule Silja Walters.

2. »*Trotzdem bemühe ich mich immer wieder, einen Ausdruck dafür
zu finden.*« – Religiöse Menschen können gar nicht anders, als
unverdrossen gegen diese Unfähigkeit, das Unbegreifliche zu
beschreiben, anzudenken und zu sprechen. Von Auferweckung
und ›ewigem Leben‹ zu reden ist für Gläubige nicht nur ein
Herzensanliegen, sondern gemäß 1 Petr 3,15 sogar eine Pflicht:
»Seid stets bereit, jedem Rede und Antwort zu stehen, der von
euch Rechenschaft fordert über die Hoffnung, die euch erfüllt.«

Völlig zu Recht wird dieser Vers wieder und wieder zitiert. Von der hier eingeforderten Haltung aus begründet sich die Notwendigkeit nachvollziehbarer religiöser Sprache. Aber wie kann dieses Bemühen konkret aussehen?

3. *»Nicht Begriffe, nein, vor allem nicht alte Begriffe. Lieber nicht von Gott reden, als in der alten, verdreschten, verbrauchten Sprache.«* – Silja Walter ist sich sicher: Die alten oder neuen Katechismus-Sprüche helfen gerade im Blick auf Ostern nicht weiter. Die morschen Vokabeln der kirchlichen Binnenverständigung haben ihre kommunikative Funktion weitgehend verloren. Alle Umfragen bestätigen nachdrücklich: Gerade die ererbten Klärungsversuche der Dogmatik sind Denkhilfen, die spätestens für viele Zeitgenossen des 21. Jahrhunderts ihre Plausibilität verloren haben. »Verdrescht« ist diese Sprache, ein sprechendes Bild aus der früheren Praxis der Getreideernte: Da bleiben nur die spelzigen Hülsen übrig, das Korn selbst, die Frucht, der lebensspendende Inhalt ist verloren gegangen. Von (Sprach-) Hülsen aber kann niemand leben. Und jeglicher Versuch, die alten Hüllen erneut und künstlich mit den daraus gefallenen Früchten nachträglich wieder zu verbinden, ist unmöglich und völlig sinnlos. Es gibt kein Zurück. Da hilft nur eins:

4. *»Ich bemühe mich vielmehr um das Finden von neuen Bildern, Symbolen.«* – Eine ›neue‹ Sprache für das österliche Geheimnis, für das Wunder der Auferweckung zu finden, ist und bleibt nicht nur jeder Generation und Kultur aufgegeben, sondern jedem einzelnen Menschen. Nicht nur den Sprachkünstlern. Hier sind in besonderer Weise jene Menschen gefordert, die an den

konkreten Lebensorten religiöser Praxis arbeiten: in Familien, Kindergärten, Schulen, Gemeinden, in der Erwachsenenbildung, an den Universitäten. Eine große Aufgabe. Sie macht das religionspädagogische Arbeiten – fernab der Argusaugen von Orthodoxie anmahnenden Glaubenswächtern – immer wieder reizvoll, herausfordernd und produktiv ... Wie schön wäre es, wenn wir mit Silja Walter bei einem so optimistischen Ausblick stehen bleiben könnten. Aber das Pendel ihrer religiösen Sprachlehre schwingt noch einmal in die Gegenrichtung.

5. »*Aber da bleibt trotzdem eine Unzulänglichkeit. Und unter dieser Unzulänglichkeit, über Gott reden zu können, leide ich.*« – Silja Walter nimmt uns mit hinein in den schmerzhaften Erkenntnisprozess des bleibenden Wissens um die Unzulänglichkeit des religiösen Denkens und Sprechens. Dieses Leiden unter den Grenzen des Recht-Redens von Auferweckung und österlichem Trost – schlimm, wenn gerade Theologinnen und Religionspädagogen, Religionslehrerinnen und Seelsorger dieses Gefühl *nicht* kennen oder nicht zulassen! Das Arbeiten an religiöser Sprache ist beides zugleich: reizvoll *und* frustrierend, produktiv *und* scheiternd. Diese Ambivalenz bleibt. Sie beendet das ausgedeutete Zitat aus dem Gespräch zwischen Bruder und Schwester. Aber damit ist der letzte Schritt gerade noch nicht begangen. Folgen wir Silja Walter auf die für sie abschließende Stufe.

6. Wir haben es gesehen: In dem skizzierten Gespräch bleiben die noch so redlichen Bemühungen vergebens. Der Bruder, der Vertraute, der, dem sie sich selbst und ihren Gottesglauben verständlich machen will, versteht die Schwester nicht: »Ich sehe

ihn nicht, ich sehe diesen Gott nicht« (in: *Walter* 1999, S. 161).
Ein letzter und entscheidender Schritt in der theologischen
Sprachschule im Gefolge Silja Walters steht jedoch noch aus.
»Wovon man nicht sprechen kann, darüber muss man schweigen«? Silja Walter setzt diesem Diktum unbewusst eines entgegen, das ich – in meinen Worten – so benennen möchte: ›*Wovon
man nicht sprechen kann, darüber muss man dichten*‹!

Das also ist die letzte Stufe der Sprachschule nach Silja Walter,
die keine der fünf zuvor gegangenen hinter sich lässt, sondern
voraussetzt: Was im mündlichen Austausch, im konkreten Dialog
scheiterte, versucht sie im Gedicht. Als Reaktion auf das für sie
unbefriedigende Gespräch ringt sich Silja Walter lyrische Texte ab;
Verse, die an den Grenzen des Sagbaren nach dennoch verständlicher Gottesrede suchen. 1985 erscheint ihr gelungenster, sprach-
mächtigster, tiefster Gedichtband: »Feuertaube«, Untertitel »Für
meinen Bruder«. Die Sprache der – in diesem Fall mystischen –
Dichtung bietet einen eigenen Zugang zu letzten Wahrheiten.
Allgemeiner formuliert: Wenn es eine Sprachform gibt, die den
Grundregeln der analogen Gottesrede entspricht, dann die der Poesie.
Denn wenn wir nach Wegen der Annäherung an Ostern suchen,
dann auf diesen Spuren. Schon die biblischen Texte der Oster-
erzählungen lassen sich so am besten verstehen, wir werden es
sehen: als Ver-Dichtungen gegen die Grenzen der analogen Rede.

Die Kirche selbst hat nämlich schon früh erkannt und (an der
Grenze der Definitionsmöglichkeit) definiert, wie sie ihr sämtli-
ches Reden von Gott versteht. Sie hat dazu einen Lehrsatz entwickelt, der zu dem mystischen Sprachmittel des Paradoxons greift.

Denn das ist schon paradox: Ein Lehrsatz definiert, dass etwas nicht zu definieren ist! So hat das vierte Laterankonzil im Jahr 1215 die Lehre von der *analogen Erkenntnis* formuliert: »Zwischen dem Schöpfer und dem Geschöpf kann man keine so große Ähnlichkeit feststellen, dass zwischen ihnen keine noch größere Unähnlichkeit festzustellen wäre.« (Kompendium 2010, S. 337)

Das heißt aber doch: Was immer unser (geschöpflicher) Verstand ausdenken mag über Gott (den Schöpfer); was immer unsere menschliche Sprache benennen mag im Blick auf ›Gott‹: Es ist immer mehr falsch als wahr! Stets ist die *Un*ähnlichkeit, das *Un*passende größer als das Ähnliche, Passende. Entscheidend: Diese Vorgabe begründet gerade nicht eine negative Theologie, die von Gott nur in der Verneinung redet. Im Gegenteil: Nur so können wir ›Gott denken‹! Nur so können wir von Gott reden! Und entscheidend: So *dürfen* wir von Gott denken und reden, denn eine andere Denkart und Sprache ist uns nun einmal nicht gegeben!

Der evangelische Pfarrer und Dichter *Christian Lehnert* weist darauf hin, dass die »poetische Sprache [...] in Bildern und Metaphern Räume erkundet, die noch nicht Sprache geworden sind«. Gerade so hält sie die Spannung aufrecht »zwischen dem, was gesagt wird, und dem was ich nicht sagen kann«. Sie ist als Urform religiöser Rede eine »Suche nach Worten«, »suchend, nicht erklärend [...], öffnend, nicht benennend (*Lehnert* 2017, S. 19 f.). Der katholische Pfarrer und Dichter *Andreas Knapp* ergänzt: »Gott ist ein Wirkwort: Die Nennung seines Namens will uns nicht informieren, sondern erschüttern, beglücken, bekehren.« Religiöse Rede ist im Kern nicht erklärend oder informierend, sie will etwas »bewirken« (*Knapp* 2017, S. 11). Die um diese Aspekte ergänzte Lehre von der Analogie ist also eine tatkräftige Ermunterung zur eigenen Sprachsuche geradewegs auf der Linie der Poetologie Silja Walters.

Damit ist eine grundlegende Spur der sprachlichen Annäherung an unser Thema gelegt: Alles, was wir über Ostern, über die Auferweckung Jesu, über ein ›Leben nach dem Tod‹ sagen können, unterliegt diesen sprachlichen und denkerischen Vorgaben. Es handelt sich um Annäherungen an etwas, das größer ist, als es unsere Sprache und unser Denken erfassen können. Dabei geht es nicht primär um bloße Information, sondern um den Versuch der Bewirkung: Wir sollen *erfasst* werden von der österlichen Botschaft. Wenn man die nachösterlichen Texte liest, spürt man genau diese Erfahrung. Wieder und wieder erzählt man gegen die Unmöglichkeit an, die richtigen, die überzeugenden Worte zu finden – gespeist aus dem unstillbaren Verlangen und der selbst auferlegten Pflicht, eben genau so zu erzählen. Denn im Blick auf die Bibel und auf die Formen literarischer Rede ergänzen wir eine zweite Linie: ›*Wovon man nicht sprechen kann, davon muss man erzählen*‹! Als Textgattung, in der »die Deutung aus dem Glauben unmittelbar einfließen« kann, in der es gelingt, »das erzählte Geschehen in seiner Tiefe zu erfassen«, bietet sich gerade die Erzählung als die zweite »sachgerechte Textgattung« (*Lohfink* 2009, S. 90) an, um letzte Glaubenswahrheiten wie etwa den Auferweckungsglauben in Sprache zu bringen, so der Neutestamentler Gerhard Lohfink.

Zwei Traditionsströme fließen also ineinander: Poesie *und* Narration sind die angemessenen, die eigentlichen Sprachformen religiöser – und diese Religion reflektierender theologischer – Rede, gerade im Blick auf Ostern. Die ureigene Rationalität des Glaubens ist *in ihnen* beheimatet, nicht in den späteren Sekundärformen von philosophisch-analytischer Zähmung, Strukturierung und Abstraktion. Kaum zufällig: Poesie und Narration sind auch die beiden Urgattungen der Bibel. Schon in der jüdischen wie christlichen Urschrift selbst findet sich die Einsicht, dass man *so* von Gott sprechen kann. Vielleicht nicht ausschließlich, aber vorrangig. Ihrer bedienen sich nicht nur die biblischen Autoren, wenn sie von Auferweckung und der Hoffnung auf ein ›ewiges Leben‹ schreiben, sondern auch die Mystiker und Dichterinnen bis in unsere Tage.

Was kennzeichnet die Identität einer Religion? Sie bildet vor allem eine *Erzählgemeinschaft*! In ihr werden die gleichen zentralen Geschichten erzählt, wieder und wieder. Von diesen Geschichten aus bestimmen sich Auslegungen, Glaubenssätze, die Formen der Frömmigkeitspraxis und die Anweisungen für das Leben untereinander. An ihren Erzählungen und deren immer wieder neu sich als wichtig erweisenden Deutungen erkennt man Gläubige. Christinnen und Christen sind Menschen, die sich die Geschichten Jesu erzählen, von Generation zu Generation. Die von diesen Geschichten aus ihr Leben deuten und gestalten. Im Zentrum geht es dabei um jene Erzählungen, die wir im Folgenden näher betrachten werden: die poetisch verdichteten Annäherungen an Karfreitag und Ostern.

Wenn es nun jedoch ein ›Organ‹ der menschlichen Sensibilität für diese – von Erzählung und Poesie angesprochene – tiefenreligiöse Dimensionen gibt, dann ist dies der sogenannte ›Möglichkeitssinn‹. Dieser Begriff geht zurück auf den österreichischen Schriftsteller *Robert Musil* (1880–1942). Selbstverständlich, so Musil am Anfang seines 2000-Seiten-Romans »Der Mann ohne Eigenschaften«, benötigen wir Menschen einen »Wirklichkeitssinn«, also das Gespür für Fakten, Tatsachen, Empirie. Gewiss, es braucht alle Stimulierungen, Anregungen, Förderungen und Schärfungen der Fähigkeiten zu präziser Benennung und stimmiger Deutung der erhobenen Wahrnehmungen auch im Blick auf die Hintergründe von Passion, Karfreitag und Ostern.

Das aber ist für Musil – genauso wie für unsere Argumentation – letztlich zweitrangig. Dieser erste zu fördernde ›Sinn‹ ist nur Grundlage für das, was das Besondere von Literatur, aber analog betrachtet eben auch das Besondere von Religion ausmacht. Genau hier prägt Musil den hilfreichen Begriff des »*Möglichkeitssinns*«. Damit bezeichnet er die zentrale Fähigkeit, »alles, was ebenso gut sein könnte« wie das Bestehende, »zu denken, und das, was ist, nicht wichtiger zu nehmen als das, was nicht ist«. Das so benannte, fiktiv erahnte Mögliche könne man – so Musil weiter in erstaunlich religiös gestalteter Begrifflichkeit – sogar »die noch nicht erwachten Absichten Gottes« nennen, denn es habe »etwas sehr Göttliches in sich, ein Feuer, einen Flug, einen Bauwillen und bewussten Utopismus, der die Wirklichkeit nicht scheut, wohl aber als Aufgabe und Erfindung behandelt« (*Musil* 2001, S. 16). Gerade die Kraft von Visionen dessen, was sein *könnte*, zeichnet also den Möglichkeitssinn aus.

Von Ostern reden, von Auferweckung sprechen, auf ein ›ewiges Leben‹ hoffen – all das erfolgt ausschließlich im Modus des damit skizzierten Möglichkeitssinns. Von diesem Sinn aus entfaltet es seine Kraft, seine Wärmestrahlung, seine lebensverändernde Bedeutung. Von Ostern aus wird die Wirklichkeit »als Aufgabe und Erfindung behandelt«, von hier aus wird »ein Feuer, ein Flug, ein Bauwillen« spürbar, der das Leben bis in die Grundfesten verändert. Von hier aus lässt sich das denken, was »ebenso gut sein könnte«, vor allem aber: das, was besser sein könnte und müsste. Ostern wird so gesehen geradezu zu *dem* Fest des Realität gewordenen Möglichkeitssinnes: Leben kann anders sein, Leben ist anders, Leben lässt sich selbst durch den Tod nicht begrenzen.

Aufbau und Zielsetzung des Buches

Genau an diesen Spannungen setzt das vorliegende Buch an. Wie schon zuvor Weihnachten (vgl. *Langenhorst* 2016a) nähern wir uns auch dem unlösbaren Zusammenhang von Karfreitag und Ostern in *zwölf Zugängen* an. Jeder Zugang erfolgt über ein thematisch bestimmtes Motivbündel, das mit den Erzählungen um Passion und Auferweckung verbunden ist. Die Reihenfolge ergibt sich dabei aus einer inneren Aufbaulogik, die im Laufe der Darstellung deutlich wird. Gleichwohl lassen sich die Kapitel auch als Einzelbausteine und in anderer Folge sinnvoll lesen. Jedes Bündel enthält vergleichbare Elemente: Ein *meditativer Zugangstext* des Buchautors versucht zunächst eine spirituelle Einstimmung auf das Thema. In ihm werden verdichtete Gedanken und sprachlich geronnene Assoziationen vorgegeben, die in die Sinnwelten des jeweiligen Kapitels einführen. Diese Impulse halten sich an keine

Gattungszuschreibung und beanspruchen nicht mehr zu sein als erste Anregungen, über die Themen nachzudenken.

Darauf folgen deutende Entfaltungen aus dem Bereich der wissenschaftlichen Bibelbetrachtung (also der Exegese), die auf den im abschließenden Dokumentationsteil angegebenen Fachstudien aufbauen. Selten stehen dabei einzelne Theorien im Zentrum, die sich auf bestimmte, dann zu zitierende Einzelforscher stützen müssten. Eher geht es um die gezielte Bündelung des Stands der Forschung. Diese biblisch-exegetischen Ausführungen werden um Einsichten aus anderen Feldern der Theologie, der Religionsgeschichte und des Brauchtums ergänzt. Das spezielle Profil des hier vorgelegten Zugangs: Stets bietet er nicht nur sachliche Informationen und bildungsbeflissene Kenntnisse über Texte, Hintergründe und Deutungstraditionen, sondern auch *spirituelle Suchgänge* danach, was den Osterglauben im Kern auszeichnet. Die beiden Fragerichtungen ergänzen sich: Was haben die biblischen Texte *damals* bedeutet? Und: Wie können sie *heute* für uns fruchtbar werden?

Nicht alle wissenschaftlichen Einsichten und Hypothesen, nicht alle Gedankengänge werden Sie als Lesende ansprechen und überzeugen. Einiges mag vertraute Traditionen und Überzeugungen infrage stellen, mag befremden und eigene Rückfragen auslösen. Gut so! Es lohnt sich, um Tod und Auferweckung Jesu konstruktiv ›zu streiten‹. Fest gefügte Antworten aus dem Katechismus – vorgeblich eindeutig, klar, objektiv und bindend – helfen dabei nicht weiter. Den *Sinn von Ostern* muss man sich individuell und subjektiv *erschließen*. Nur dann entfaltet sich sein Wärmestrom.

Schließlich soll jeweils *ein Gedicht* zur Veranschaulichung der zwölf Zugangsschritte herangezogen werden, in dem Dichterinnen und Dichter unserer Zeit auf ihre Weise versuchen, dem Sinn von Ostern poetisch nachzuspüren. Mit dem Text von Ingeborg Drewitz haben wir ein derartiges Beispiel bereits beleuchtet. Anders als im Blick auf Weihnachten bietet sich dabei ein reiches Reservoir. Das Ringen um den Sinn von Karfreitag, das verdichtete Nachdenken über Ostern, fordert zu literarischer Einfühlung und Gestaltung heraus, die von vornherein nicht bloße Illustration, Unterhaltung oder Festtagsuntermalung liefern will. Zahlreiche Anthologien liegen vor (vgl. z. B. *Vincon* 1995; *Razum* 1997; *Dieterichs* 2011). Die Auswahl der Texte fällt schwer.

Wir versuchen mit insgesamt *sechzehn* zugleich spirituellen wie poetischen *Such-Texten* Signale zu setzen, die sowohl inhaltlich herausfordernd als auch ästhetisch gelungen sind und allesamt im Original in deutscher Sprache verfasst wurden.

✳ Einige sind klassische lyrische Gedichte.

✳ Andere sind meditative Besinnungen in gebundener, verdichteter Sprache.

✳ Wieder andere sind eher Beispiele für ›Theopoesie‹, also dichterisch gestaltete religiöse Gebrauchstexte.

Die Frage, ob die hier präsentierten Gedichte den höchsten ästhetischen Ansprüchen und Kriterien genügen, lässt sich gewiss in jedem Einzelfall kontrovers diskutieren. Das Ziel ihrer Aufnahme ist anders bestimmt: Der poetische Zugang soll auf seine Weise eigenartige Sinnwelten erschließen. Die lyrischen Ver-Dichtungen werden deshalb im Rahmen des jeweiligen thematischen Feldes ausgelegt, ohne ihnen die – auf einen stetigen Sinn-Überschuss angelegte – Vieldeutigkeit nehmen zu wollen. ›Wovon man nicht reden kann, darüber muss man dichten‹? Theologisch, spirituell und poetisch soll so ein ganz eigener Zugang zu dem entstehen, was Auferweckung, was Ostern heute bedeuten kann. Machen Sie sich mit auf die Suche!

1.

Wortzeugnis

Rückblick und Durchblick
der Bibel

Schriftspuren

vier wege führen zurück
wir können sie sehen
nicht gehen

ihr ursprung verbirgt sich dem blick
wir können ihn ahnend
erspüren

wir taumeln mal hier mal dort
auf pfaden des fremden
erinnerns

boten beschreiben die gangart
wir lernen den sinn
ihrer schrift

vier wege führen nach vorn
vereint in die spur
des vertrauens

Der Befund ist eindeutig: Das doppelt verschränkte Themenfeld von Leiden und Sterben Jesu auf der einen sowie der Berichte und des Nachdenkens über seine Auferweckung auf der anderen Seite stellt *den* zentralen Fokus des Neuen Testaments dar. Nichts über Jesus ist historisch besser bezeugt als sein Sterben am Kreuz. Nichts ist theologisch bedeutsamer als die österliche Auferweckung und das Nachsinnen darüber, welche Konsequenzen sich daraus für die Menschen ergeben. Die Auferweckung ist der »Dreh- und Angelpunkt« (*Pemsel-Maier* 2016, S. 19) des Christentums. Christ-Sein oder nicht Christ-Sein: Es entscheidet sich an diesem Punkt, daran lässt das Neue Testament keinen Zweifel.

✳ Die von *Paulus* verfassten Briefe bilden die älteste schriftliche Quellenschicht des Neuen Testaments, entstanden in der Zeit ab dem Jahr 50. Sie wurden mehr als zwanzig Jahre nach dem historisch weitgehend sicher bestimmbaren Tod Jesu verfasst. Gleichwohl greifen sie gerade in dieser grundlegenden Frage auf ältere, wohl vor allem mündlich überlieferte Traditionselemente zurück, die möglicherweise in die früheste Formung des christlichen Glaubens zurückgehen. Im ersten Brief an die Korinther findet sich die bekannteste, griffigste und einflussreichste Formulierung der urchristlichen Grundüberzeugung. Paulus, selbst kein Augenzeuge der Ereignisse, erinnert die Gemeinde daran, was er ihnen überliefert hatte, was aber – so seine Formulierung – »auch ich [bereits] empfangen habe«. Nicht eine eigene Formulierung folgt also, sondern eine Glaubensformel, die er selbst schon vorgefunden hat: »Christus ist für unsere Sünden gestorben, / gemäß der Schrift, / und ist begraben worden. / Er ist am dritten Tag auferweckt worden, / gemäß der Schrift.« (1 Kor 15,3 f.) Karfreitag und Ostern: Ereignisse ›gemäß der Schrift‹. Dieser Glaube ist das *Herzstück des Christentums*.

✳ Das chronologisch erste Evangelium schrieb ein uns unbekannter Vertreter der zweiten christlichen Generation. ›*Markus*‹, so wird der Autor traditionsgemäß genannt, obwohl dieser Name dem Text erst viele Jahrzehnte später zugeordnet wurde. Wie bei allen Evangelisten halten wir uns an diesen später hinzugefügten, zu fester Tradition geronnenen Namen. Wie Paulus, so ist auch Markus selbst kein Augenzeuge der Ereignisse um Jesus. Er schreibt seinen Text um das Jahr 70 nieder, also noch einmal weitere zwanzig Jahre nach der Entstehung der ersten Paulusbriefe. Sein Evangelium steht ganz und gar im Zeichen der Passion. Von Beginn an wird die Ausrichtung auf das Ende der Geschichte, auf das Sterben Jesu und die Überwindung des Todes durch die Auferweckung zum durchgängigen Konstruktionsprinzip des Textes. Im achten Kapitel wird dieses Prinzip offenkundig: Jesus kündigt seinen noch völlig unverständigen Jüngern seinen Tod und seine Auferweckung an (Mk 8,31–33).

✳ In den drei später verfassten Evangelien von *Matthäus*, *Lukas* und *Johannes* finden sich zwar ganz unterschiedliche Texttraditionen, Erweiterungen und Schwerpunkte, an der Zentralstellung der Schilderung von Passion und Auferweckung ändern aber auch sie nichts. Man könne die Evangelien insgesamt als »Passionsgeschichten mit ausführlicher Einleitung« (*Kähler* 1956, S. 60) bezeichnen, schrieb der evangelische Theologe Martin Kähler schon 1892 in überzogener, aber gerade darin kenntlicher Zuspitzung. Auch fast alle anderen neutestamentlichen Texte, nicht ein einziger von ihnen von einem Augenzeugen der Ereignisse verfasst, bestätigen diesen Befund: die christliche Überlieferung ohne den Schwerpunkt auf das Leiden Jesu, seinen Tod und seine Auferweckung – undenkbar!

facts, facts, facts: historische Vergewisserung

Das Neue Testament ist also voll von Erzählelementen und Hinweisen auf das Leiden und den Tod Jesu. Man weiß jedoch nur zu gut, dass die biblischen Autoren ihre Texte nicht primär als Historiker verfassten, sondern als *Zeugen* der Frohen Botschaft. Sie wollten zum Glauben an diesen Jesus Christus, an den Gekreuzigten und Auferweckten, ermuntern. Viele der von ihnen verwendeten Erzählelemente wurden als nachträglicher ›Schriftbeweis‹ geformt, deuten Tod und Auferweckung Jesu demnach als Erfüllung alttestamentlicher Schriften. Diese Deute-Brille bestimmt ganz und gar ihre Optik. Sie wollen, dass wir diese Blick-Weise übernehmen. Aber was von all dem Erzählten und Berichteten ist historisch verbürgt? Es gibt durchaus *Unklarheiten* und *Widersprüche* zwischen den Texten. Ein ganzes Bündel von Fragen stellt sich:

✳ Gab es einen förmlichen Prozess, der zur Verurteilung Jesu führte?
✳ Wenn ja: Wo, vor welcher Instanz?
✳ Wie lautete die Anklage?
✳ Wovon waren die letzten Lebenstage Jesu bestimmt?
✳ Wann fand die Kreuzigung statt?
✳ Wer stand unter dem Kreuz?
✳ Wo genau wurde der Leichnam Jesu bestattet?

Zu vielen derartigen Einzelfragen geben die Texte entweder keine genaue Auskunft, oder die Auskünfte weichen in Einzelpunkten voneinander ab. Wir werden auf einige dieser Details später genauer einzugehen haben.

Ein grundlegendes Rätsel ist schon seit Langem bekannt: Die Berichte des Markus liegen den späteren Evangelisten Lukas und Matthäus vor und werden von ihnen im Wesentlichen aufgenommen, in Details verändert, oft erweitert und ergänzt. Man nennt diese drei Evangelisten die ›Synoptiker‹, weil sie sich synoptisch lesen lassen, also in ›Zusammenschau‹. Nur: Sie weichen in wesentlichen Punkten von denen des Johannes ab. Auch wenn drei Zeugnisse gegen eines stehen: Historisch spricht vieles für eine größere historische Verlässlichkeit der johanneischen Tradition (vgl. *Vermes* 2006), auch wenn dessen Evangelium als Ganzes erst mindestens zwanzig Jahre später als das des Markus verfasst wurde. Dem Evangelisten lag jedoch wohl eine eigene Quelle vor, die im Blick auf Passion und Auferweckung älter und authentischer war.

Was also lässt sich als *historisches Grundraster* über die Ereignisse rund um die Verhaftung und Tötung Jesu aus heutiger Sicht erheben? Nicht alle der folgenden Darstellungen werden von sämtlichen neutestamentlichen Forscherinnen und Wissenschaftlern geteilt. Gleichwohl kommt ihnen eine gewisse Plausibilität zu.

* Das wahrscheinlichste Todesjahr Jesu ist das Jahr 30 unserer Zeitrechnung, als konkreter Tag spricht vieles für den siebten April. (Vgl. *Bösen* 1994, S. 87, anders z. B. *Page* 2011, S. 9)

* Der seit gut einem Jahr in der Öffentlichkeit wirkende, aus Galiläa stammende und Mitte dreißigjährige Wanderprediger Jeschua aus Nazaret begibt sich, wie es der jüdischen Tradition entspricht, eine Woche vor dem Pessachfest nach Jerusalem.

* Seine Botschaft ist für die dortige jüdische Oberschicht provokativ. Vor allem in der als ›Tempelreinigung‹ bekannten pro-

phetischen Symbolhandlung stellt er die üblichen Formen des Tempelbetriebs infrage. Er wird als politische Gefahr eingestuft. Die jüdische Obrigkeit beschließt, ihn zu töten, weil er den öffentlichen Frieden gefährdet.

✳ Am Vorabend des Pessachfestes, dem nach jüdischem Kalender vierzehnten Nisan, trifft sich Jesus ein letztes Mal mit seinen Vertrauten zu einem Abendessen.

✳ Danach wird er von einer Einheit der jüdischen Tempelpolizei gefangen genommen und festgesetzt.

✳ Er wird zum Tod am Kreuz verurteilt. Welcher genaue Anteil an diesem Urteil der jüdischen Obrigkeit unter der Führung des Hohepriesters *Kajaphas* (im Amt 18–36 n. Chr.) und der zuständigen Institution des Hohen Rats zukommt, welcher dem römischen Statthalter *Pontius Pilatus* (im Amt 26–36 n. Chr.), lässt sich historisch nicht mit letzter Sicherheit sagen. Gerichtsakten liegen nicht vor. Alle überlieferten Schilderungen sind später mit bestimmten Interessen entstanden. Da eine Todesstrafe nicht ohne Mitwirkung des römischen Statthalters verhängt werden durfte, ist es zumindest sicher, dass beide Gerichtsinstitutionen zusammengearbeitet haben.

✳ Die in den biblischen Erzählungen entfalteten Elemente von Verhöhnung, Verspottung, Folter und eine »Geißelung als Begleitstrafe« (*Lohfink* 2009, S. 50) gehörten zu den damals üblichen, brutalen Nebenerscheinungen derartiger Verfahren, sind also auch im Blick auf Jesus plausibel.

✳ Jesus wird am Mittag des Vortags des Pessachfestes in Jerusalem außerhalb der damaligen Stadtmauer hingerichtet. Er wird gekreuzigt, eine Todesart, welche die Römer speziell für das Vergehen des ›Aufruhrs‹ reserviert hatten, die allerdings nur an Nicht-Römern vollzogen wurde. Aus der Art der Tötung kann man so auf den Inhalt der Anklage rückschließen: Aufruhr, Gefährdung der öffentlichen Ordnung.

✳ Aus jüdischer Sicht war diese Art der Todesstrafe besonders provokativ. Im Buch Deuteronomium findet sich der allen Zeitgenossen bekannte Ausspruch: »Ein [am Pfahl] Gehenkter ist ein von Gott Verfluchter« (Dtn 21,23). Ein Gekreuzigter wurde also damaliger Überzeugung zufolge nicht nur vom menschlichen Gericht verurteilt, sondern auch von Gott verflucht. Eine drastischere Absage an den Anspruch, im Namen Gottes gehandelt zu haben, ist kaum denkbar.

✳ Derselbe Vers, Dtn 21,23, setzt die Bestimmung: Eine Leiche soll »nicht über Nacht am Pfahl hängen bleiben, sondern du sollst ihn noch am gleichen Tag begraben«. Aus Gründen der kultisch-rituellen Gebote wurde der Leichnam des Gekreuzigten demnach noch vor Anbruch des Pessachfestes vom Kreuz entfernt und an unbekanntem Ort bestattet.

✳ Nach dem Tod Jesu verbreitet sich unter seinen Anhängern der von Erscheinungen des Auferweckten ausgelöste Glaube, dass Gott Jesus von den Toten auferweckt hat. Aus der Sprengkraft dieses Glaubens entwickelt sich – zunächst innerhalb des Judentums, dann zunehmend eigenständig – die Weltreligion des Christentums.

Dieses *Faktengerüst* bildet die Grundlage des Blickes auf die Ereignisse um Sterben, Tod und Auferweckung Jesu. Über dieses

Gerüst hinaus bieten die vier Evangelien sehr unterschiedliche erzählerische wie auch deutende Zugänge zu den Ereignissen. Wir werden in den einzelnen Kapiteln immer wieder auf derartige Gemeinsamkeiten und Unterschiede eingehen. Aber warum gibt es überhaupt *vier* Evangelien? Warum diese mühsame *Pluralität der Zugänge*, die oft genug eher verwirrt als Klarheit schafft. Wie erklären sich die Unterschiede? Und was folgt daraus für ein angemessenes Lesen und Verstehen der einzelnen Texte?

Dass verschiedene *Perspektiven auf dasselbe Ereignis* zu weitgehend unterschiedlichen Erzählungen führen können, lässt sich in einem einfachen Vergleich aufzeigen. Stellen wir uns vor: Vier Personen hören ein- und denselben wissenschaftlichen Vortrag, sagen wir über die exegetischen Hintergründe der Passionserzählungen. Die Eine: eine Theologiestudentin kurz vor dem Examen. Der Zweite: ein neugieriger Rentner. Die Dritte: eine Gasthörerin aus Lateinamerika. Der Vierte: ein Kollege des Dozenten.

Sie werden denselben Vortrag anders hören: je nach Vorbildung, Interesse, Tagesform. Verschiedenes bleibt haften und wird unterschiedlich erinnert. Aber mehr noch: Stellen wir uns vor, alle vier erzählten am nächsten Tag einer anderen Person von diesem Vortrag: die Studentin einer Kommilitonin, die den Vortrag verpasst hatte; der Rentner seiner Frau, die verhindert war; die Gasthörerin einer Freundin, die das deutsche Universitätssystem nicht kennt; der Universitätsdozent einer Kollegin. Nicht nur, dass die *Hörer* den Vortrag anders aufgenommen haben, im Blick auf ihre *Zielperson* werden sie nun auch noch ganz eigene Schwerpunkte und Filter setzen. Die Studentin muss über Ort, Umstände, Aussehen und Rhetorik des Dozenten nichts sagen, all das ist ihrer Kommilitonin bekannt. Sie wird vor allem Fachinformationen hervorheben, vieles grundsätzlich Bekannte nicht erwähnen. Der Rentner wird – in meiner schablonenhaften Zeichnung – gerade über den Rahmen des Vortrags viel erzählen, inhaltlich nur das, was er selbst verstanden hat und jetzt seiner Frau auch erkenntnisfördernd zusammenfassen kann. Die lateinamerikanische Gasthörerin wird viel mehr über den Rahmen des Vortrags sagen, viele landesübliche Eigenheiten betonen, dazu Vergleiche zu ihrer Heimatkultur ziehen. Der Dozentenkollege schließlich wird sich ausschließlich auf inhaltliche Details der Ausführungen konzentrieren, vor allem auf strittige Forschungsfragen. Wahrscheinlich werden die vier Berichte so nur wenig Gemeinsames aufweisen. Und doch beziehen sie sich allesamt auf denselben Vortrag. Und doch kommt allen ›Authentizität‹ zu. Und doch ließe sich im Vergleich der vier Berichte möglicherweise eine stimmige Zusammenfassung von wesentlichen Elementen der ursprünglichen Ereignisse erarbeiten.

Auf ähnliche Weise lässt sich das Mit- und Gegeneinander der vier Evangelien verstehen. Bei allen direkt benennbaren oder strukturell erschließbaren Gemeinsamkeiten finden sich völlig *unterschiedliche Erzählstrategien, unterschiedliche Intentionen, angepasst an unterschiedliche Zielgruppen.* Und mehr noch: Alle haben einen eigenen Stil. Sie sind Schriftsteller, nicht Protokollanten. Sie haben bestimmte Interessen des Erzählens und Vorlieben des Schreibens. Ihre Texte sind auf Wirkung bedachte ästhetische Werke. *So* wollen sie gelesen werden, nicht unter dem Aspekt vermeintlich objektiver Informationsvermittlung. Diese Einsichten werden unsere weiteren Deutungen der biblischen Erzählungen prägen.

Welche Bedeutung kann man also den Ereignissen um die Kreuzigung Jesu zumessen? Welche Gedanken kann der Kreuz-Weg mit Jesus unter sein Kreuz für uns haben? Anhand eines eindrücklichen Gedichts soll diese Perspektive Gestalt gewinnen.

Erich Fried: Das Kreuz als Wegweiser

Der Autor dieses Textes mag auf den ersten Blick in der Reihe der hier aufgeführten Schriftsteller erstaunen: handelt es sich bei *Erich Fried* (1921–1988) doch um einen gerade nicht christlichen, sondern jüdischen Autor, der sich angesichts des Holocaust zum Sozialisten und wohl auch zum Atheisten entwickelt hatte. Gerade in seinen in den ersten beiden Jahrzehnten nach 1945 entstandenen Gedichten setzt er sich jedoch immer wieder mit seinem Erbe an religiösen, vor allem biblischen Themen und Motiven auseinander. Der Fried-Kenner Volker Kaukoreit gibt freilich zu bedenken, dass diese Rezeption »die Bibel nur stofflich als literarischen Kulturbesitz ›ausbeutet‹«, fährt aber mit dem Zusatz fort, dass Fried darüber hinausgehend immerhin dort mit der Bibel »eins ist, wo sich klare Identifikationsmöglichkeiten anbieten, etwa beim Juden Jesus« (*Kaukoreit* 1991, S. 290).

Erich Fried und Jesus? Unter den Texten, die diese nur wenig bekannte Spur nachzeichnen, findet sich ein bemerkenswertes Gedicht unter der Überschrift »Kreuzweg« (*Fried* 1993, S. 82).

Es entstand in den Jahren unmittelbar nach dem Krieg, in einer Phase also, in der für Fried die Auseinandersetzung mit der Shoa, das Ringen um ein Weiterleben und Weitersprechen nach dem Holocaust zentral wurde. Später wurde dieser Text in die 1958 zusammengestellte Gedichtfolge »Von Bis nach Seit« aufgenommen. Sehr bewusst ruft Fried hier die mit dem Kreuz verbundenen Wortfeld-Assoziationen ›Kreuzigung Jesu‹, ›Gipfelkreuz‹, ›Wegkreuzung‹, ›Wegkreuz als Wegweiser‹ auf:

Kreuzweg

Links und rechts ein Dieb
in der Mitte ein Kaiser
Was ist das für ein Wegweiser
Mann mit dem Stacheldraht?

Mit den Stacheldrahtreifen im Haar
und sein Atem wird schon leiser
Was ist das für ein Wegweiser
oben auf meinem Berg?

Oben auf meinem Berg
mit des Blutes rostigen Resten
und zeigt nach Osten und Westen
und zeigt keine Ortschaft an

Kein Wort zeigt einen Ort an
außer wenn das ein Wort ist
wenn dieses INRI ein Ort ist,
an den man kommen kann?

Erich Fried

Der Blick dieses strophig gestalteten, unregelmäßig gereimten Gedichts richtet sich auf einen Berg, dessen Spitze von Kreuzen gekrönt ist. Der Gedichtsprecher nennt diese Stätte identifikatorisch ›seinen‹ Berg, ein Hinweis darauf, dass es hier nicht primär um einen geografischen Ort geht, sondern eher um ein symbolisch-visionäres Bild. Evoziert wird zunächst in karg zurückgenommenen Worten eine Erinnerung an klassische Kreuzigungsdarstellungen: rechts und links die Schächer, in der Mitte Jesus, der – durch das »INRI« auf der Paneele eindeutig identifizierte – »König der Juden«, ja: »Kaiser«, wie Fried ihn verfremdend nennt.

Ein Kaiser jedoch, gekrönt mit Stacheldraht, dem grausamen Pendant zum Dornenkranz im Zeitalter der Konzentrations- und Vernichtungslager, verklebt mit blutig-rostigen Hautfetzen, »Resten«, die den bereits zurückliegenden Leidensweg Jesu andeuten. Das Gedicht rückt dabei in die unmittelbare Gegenwart des Bezeugten. Diese Kreuzigung ereignet sich nicht in der fernen Vergangenheit, sondern gerade eben, jetzt, der »Atem *wird* schon leiser«. Der »Stacheldrahtreifen« und die Zeitwahl der Gedichtrealität sind Hinweise darauf, dass es nicht nur um die eine, 2000 Jahre zurückliegende Kreuzigung geht, sondern im Bilde Jesu um all die brutalen Kreuzigungen unserer Gegenwart. Die erste Versgruppe endet – wie das gesamte Gedicht – in einem offenen Fragezeichen. Jesus, dessen Sterben der Dichter gleichsam ›miterlebt‹, wird als »Weg-Weiser« bezeichnet, aber wohin führt dieser Weg, auf den der leidende Kaiser weist?

Die zweite Versgruppe greift diese Frage erneut auf, steigert dadurch die Dringlichkeit des fragenden Anliegens. Wohl zeigen die zwei Kreuzesbalken in Richtung Osten und Westen, doch in diesen Richtungsverweisen – wohl kaum politisch-realistisch aufzulösen – kann die gesuchte Antwort nicht liegen. Keine Richtung gibt Antwort, kein bekannter Ort löst die Zielperspektive ein, wohl aber ein Wort, das ein wirkliches Wort im Sinne von ›Ant-Wort‹ ist.

Um einen anderen »Ort« also geht es am Ende dieses Gedichts, einen Ort, der erreichbar ist, an dem, in dem und mit dem man leben kann. Das also erhofft sich der Gedichtsprecher von dem leidenden Juden Jesus am Kreuz: Wegweiser zu sein für die mit ihm Leidenden, für die sein Leid Bezeugenden. Wegweiser durch sein einmaliges Wort, Hinweiser auf einen wahren Ort, der zur Antwort wird. Freilich: All dies wird nicht im indikativischen Modus der feststellenden Aussage, ja nicht einmal im Konjunktiv des Wunsches oder der Hoffnung gesagt, sondern bleibt ein Fragezeichen, eine Idee, ein offener Gedanke. Und die abschließende Versgruppe verschlüsselt durch ihre Wortwahl sehr bewusst jegliche allzu leichte Auflösung der Gedankenführung. Das Kreuz, der Gekreuzigte als Wegweiser: wie und wohin? Das Fragezeichen bleibt, gerichtet an uns, die Leserinnen und Leser!

Mehr als Fakten: Erschlossene Wahrheiten

Zweierlei kann mit dem Blick auf die Fakten, die zur Kreuzigung Jesu führen, *nicht* in den Blick genommen werden, obwohl es von mindestens gleichwertiger Wichtigkeit ist.

Zum einen all das konkret als Erzählung Überlieferte, das über das oben skizzierte dürre Tatsachen-Skelett hinausgeht. Oft genug werden sich jedoch auch in diesen – nicht in allen Evangelien gleichermaßen aufgenommenen – Erzählungen Erinnerungen an Historisches erhalten haben: Erinnerungen an beteiligte Personen, Ereignisse, Rituale, Gespräche, Worte. Sie lassen sich jedoch faktengeschichtlich nicht sicher fixieren. Das nimmt ihnen aber keineswegs ihre doppelte Bedeutung: erzählerisch wie historisch. Wir werden in diesem Buch deshalb immer wieder darauf zurückkommen. Eine Reduktion auf das ›beweisbar‹ Faktische, wie sie etwa *Gerd Lüdemann* öffentlichkeitswirksam zelebrierte (vgl. *Lüdemann/Özen* 1995), blendet zentrale Zugänge aus, die sehr wohl ›Wahrheit‹ erschließen.

Bedeutsam ist zum Zweiten aber natürlich vor allem das, was den historischen Blick endgültig sprengt, sprengen muss: der Blick auf das Ereignis, das wir Auferweckung oder Auferstehung nennen. Der Blick auf Ostern. Die Erzählungen vom leeren Grab und von den Erscheinungen des Auferweckten. Der sich darauf berufende Glaube soll im Zentrum des Buches stehen. Basierend auf den historisch als sicher geltenden Tatsachen geht es um Erzählungen, die das jede und jeden Einzelnen ›gewissmachende Wahre‹ begründen. Um Aussagen, die für Christen als Wahrheit gelten. Um Hoffnungsperspektiven, aus denen Milliarden von Menschen gelebt haben und leben.

Über den Glauben an die Auferweckung, über Ostern muss der Historiker in professioneller Hinsicht jedoch schweigen. War das Grab Jesu leer? Ist der Auferweckte seinen Jüngern leibhaftig und real erschienen? Gibt es von Ostern begründet ein ›Leben nach dem Tod‹? Die Zugänge des historischen, den Regeln der Geschichtsforschung verpflichteten Wissenschaftlers können zu diesen Fragen letztlich nichts Entscheidendes sagen, weder in die eine, noch in die andere Richtung. Hier kann, hier muss die Theologie sprechen. Hier liegt ihr originärer Zuständigkeitsbereich. Hier geht es um *Versuche der analogen Rede*, dem Nicht-Verstehbaren abgetrotzt. Hier handelt es sich um Sprachversuche des Möglichkeitssinns, indem Gott mehr zugetraut wird als den Sprach- und Erkenntnisgrenzen des Menschen.

Die Bibel selbst gibt zu diesem Verfahren entscheidende Hinweise: Wer die Passionsberichte der Evangelien aufmerksam liest, stößt immer wieder auf eine signifikante *Erzähl-Lücke*. Die einzelnen Stationen des Leidens und Sterbens Jesu werden ausführlich und detailliert erzählt und ausgemalt. Szene um Szene, Personal um Personal, Dialog um Dialog werden die Schritte vom Einzug in Jerusalem bis zum Tod am Kreuz nachgezeichnet. Und dann der *Schnitt*! Eben noch fiel der Blick auf Jesus am Kreuz, seine letzten Worte, seinen Tod. Anschließend schwenkt der Erzählerblick auf die Grablegung des Leichnams – und dann Cut! Die Lücke! Das Schweigen!

Kein biblischer Autor wagt es, vor Ostern in die Grabhöhle Jesu hineinzublicken. Kein Evangelist malt sich und uns erzählerisch aus, was dort geschah. Der Übergang von Tod zu Auferweckung bleibt unerzählt! An dieses Tabu halten sich in zugleich erstaunlicher wie signifikanter Übereinstimmung sämtliche biblischen Erzählungen! Und das ist kein Zufall: Das kann, das *soll* man sich nicht vorstellen. Hier passiert etwas, das das Erzählen übersteigt. *Wie* Auferweckung konkret stattfindet, weiß niemand. Im Gefolge der Bibel ist klar: Wer diese Zurückhaltung durchbricht (etwa *Mel Gibson* in seinem schon deshalb höchst fragwürdigen Jesus-Film »Die Passion Christi«, 2004), verstößt gegen ein grundlegendes biblisches Erzählgebot.

Im Bild einer Kameraführung gesprochen: *En detail* richtet sich der Fokus der Kamera auf verschiedenste Szenen und Ereignisse bis zur Grablegung Jesus. Dann wird der Stein vor die Grabhöhle gerollt. *In* die verschlossene Grabhöhle hinein reicht kein Kamerablick. Wir bleiben draußen. Unser Blick erkennt die Außenfläche. Was immer drinnen vorgehen mag, entzieht sich unserem Fassungsvermögen. Eine ›Drehbuch Auferweckung‹ liefert die Bibel nicht. Angesichts der vorherigen und nachfolgenden Detailtreue ist das eine bewusste Entscheidung. Und ein Fingerzeig für uns: Bis hierher, nicht weiter!

Die Kamera setzt erst wieder ein, als das Entscheidende passiert *ist*. Die Berichte vom leeren Grab und den Erscheinungen des Auferweckten setzen das entscheidende Ereignis voraus, *ohne es selbst zu bebildern.* Jetzt erst findet die Kamera erneut reiches Material für lebendige Szenen. Aber: Der Charakter dieser Szenen hat sich verändert. Was nun in Bilder gebracht werden muss, hat eine grundlegend andere Qualität. Wo das Erzählen zuvor – zumindest auch – real, erdverbunden, konkret war, wechselt nun der Grundton in eine andere Farbnuance. Wir werden es sehen: Keine der österlich erzählten Szenen spielt sich ausschließlich in der Realität ab. Alle kippen an irgendeiner Stelle aus der vorherigen Perspektive heraus. Alle sind *bewusst* so gestaltet, dass das nun Geschilderte sich eigentlich der Erzählbarkeit entzieht. Alle enthalten Hinweise, dass sie analog verstanden werden wollen, nicht im wortwörtlichen Missverständnis. Und doch gerade so erzählt werden müssen. Wie also kann man die österlichen Texte der Bibel verstehen?

Auferweckung Jesu? Fünf mögliche Zugänge

Fünf Möglichkeiten haben sich in der Traditionsgeschichte herausgebildet, um die Texte, die von der Auferweckung Jesu berichten, zu deuten. Fünf Optionen stellen sich, um Ostern zu ›verstehen‹. Jede Einzelne ist möglich. Jede Einzelne hat ihre Stärken und Schwächen.

Erstes Modell: *Smartphone – Alles wortwörtlich wahr.* Für viele Christinnen und Christen früherer Generationen und auch heute noch stellt sich die Frage nach der Deutung des Ostergeschehens nicht. Für sie ist alles, was die Bibel erzählt, genau so geschehen, wortwörtlich, buchstabengetreu. Sämtliche Berichte, in diesem Fall im Blick auf Ostern, sind historisch bis ins letzte Detail wahr. Konkret gesagt: Hätte es damals schon ein Smartphone gegeben und wäre man zur rechten Zeit am rechten Ort gewesen, so hätte man die Auferweckung Jesu filmen können. Sie geschah ›real‹, konkret sinnlich wahrnehmbar und fixierbar, etwa so, wie es der Maler Matthias Grünewald in seinem berühmten Auferstehungsgemälde des Isenheimer Altars imaginiert hat.

Die Schwächen dieser Deutung: Zunächst nimmt sie die strategische Erzähl-Lücke der Evangelien nicht ernst. Die Auferweckung Jesu selbst wird ja ausgespart. Hiervon gibt es signifikanterweise keinerlei erzählerische Malvorlage. Die Bibel verzichtet auf eine Gestaltung dieses Motivs. Aber das ›leere Grab‹ und die Erscheinungen des Auferweckten? Sind sie ›real‹ zu verstehen, als historische Fakten? – Nirgends im Neuen Testament findet sich der Lesehinweis: ›Diese Erzählung ist wortwörtlich so geschehen.‹ Wer immer diese Erzählelemente wortwörtlich versteht, folgt bereits seiner eigenen so bestimmten Setzung, nicht der Bibel selbst! Diese Geschichten sind gerade *nicht* so erzählt, als handle es sich dabei um reale Ereignisse – wir werden später ausführlich darauf eingehen.

Orientalisches Erzählen funktioniert anders als unsere spätmodern-westliche Denkart. Wir erwarten Realismus. Auf Fragen Antworten. Auf Probleme Lösungen. Auf Unklarheiten Definitionen. Im biblischen Kontext funktioniert Wahrheitssuche anders. Als Reaktion auf Fragen und Probleme erzählt man eine umkreisende Deutegeschichte. Unklarheiten werden poetisch ver-dichtet. Die Konsequenz: Wenn man sich nicht an diesen Texten aus einer anderen Zeit und einer anderen Kultur vergreifen will, muss man sich auf *ihre* Art des Wirklichkeitszugangs und der Möglichkeitsandeutung einlassen. Welch eine spannende Reise in einen anderen Zugang zu Wahrheit! Doch weitere Modelle drängen sich auf.

Zweites Modell: *Alles Erfindung, alles Lüge*! Bis in die Anfänge des Christentums zurück geht das zweite mögliche Verständnismodell um die Ostererzählungen. Nichts davon ist wahr! Alles ist von Anfang an und ganz bewusst erfunden und erlogen. Der Auferweckung Jesu entspricht nichts. Sie ist ein Werbe-Trick der Jünger, um eine neue Religion im Gefolge Jesu zu etablieren! Die erfolgreichste, aber zugleich die infamste Werbe-Idee der Menschheit. Diese Erklärung imaginiert folgendes Szenario: Sie setzt historisch an der Situation der Jüngerinnen und Jünger an. Entsetzt über den grausamen Tod ihres Rabbis finden sie sich einige Zeit nach der Grablegung in Jerusalem zusammen. Ihre Welt ist zusammengebrochen. All ihre Hoffnungen zerstört! Die so gute Botschaft, die so menschenfreundliche Rede vom guten Vatergott, vom so ganz anders möglichen Miteinander in Barmherzigkeit und Nächstenliebe am Kreuz gescheitert!

Da kommt einer von ihnen auf die geniale Idee: Diese Geschichte ist zu gut. Die Bewegung Jesu darf nicht sterben! Um sie zu retten, bedarf es nur einer kleinen Lüge: ›Wir erzählen, dass Jesus von Gott auferweckt wurde. Wir entwenden seinen Leichnam und weisen zum Beweis auf das leere Grab. Und erzählen allen, dass er uns erschienen ist. Dass fortan der Tod besiegt ist.‹ Eine Idee, die – einmal in die Welt gesetzt – rasende Verbreitung findet. Zu passgenau greift sie die uralte menschliche Hoffnung auf: ›Der Tod ist überwunden!‹ ›Es gibt ein ewiges Leben nach dem Tod!‹ Und schon bald können selbst Zeitzeugen der ersten Stunde nicht mehr so recht unterscheiden, was Erfindung war und was Erlebtes. Die Verfasser der neutestamentlichen Schriften waren ja sowieso keine Zeugen der ersten Generation, sie schrieben auf, was man ihnen bereits überliefert hatte. Ohne Zweifel: *Sie* glaubten an das Gehörte. Sie gehörten demnach zu den ersten ›Opfern‹ der

Lügen der Jüngerinnen und Jünger. Wie alle Christen nach ihnen, über zwei Jahrtausende bis heute.

Eine Variante: Die sogenannte ›Scheintodhypothese‹ geht davon aus, dass Jesus gar nicht wirklich gestorben ist, sondern noch lebend vom Kreuz abgenommen wurde. Er wurde gesund gepflegt und lebte weiter, wo und wie auch immer. Umso mehr entlarvt sich die Rede von der Auferweckung als perfide Erfindung.

Könnte es so gewesen sein? Völlig ausgeschlossen ist das nicht. Aber hätte sich gegen eine reine Erfindung, gegen eine so unglaubliche Lüge nicht von Anfang an innerhalb der Jesusbewegung, schon innerhalb der Jünger- und Apostelschar heftiger Widerstand geregt? Wäre es für die Gegner der sich neu ausbreitenden Bewegung der Christen nicht ein Leichtes gewesen, die Scharlatanerie aufzudecken und als Täuschung zu entlarven? Ist es plausibel, dass eine reine Fiktion über Jahrtausende eine so unglaubliche Kraft entfalten könnte, dass sie bis heute wirkt? Sind die so feinfühlig gezeichneten österlichen Erzählungen auf einer solch plumpen Basis denkbar? So wenig dieses zweite Modell ausgeschlossen werden kann, so wenig zwingend und letztlich überzeugend sind seine Prämissen.

Drittes Modell: *Alles Einbildung, alles Suggestion*. Im soeben beschriebenen zweiten Modell waren die Jünger Lügner und Täuscher. Sie rücken auf zu den größten Scharlatanen der Menschheitsgeschichte. Im dritten Modell geht man gnädiger mit ihnen um. Sie selbst werden zu Getäuschten. Auch hier liegt Ostern de facto nichts zugrunde. Auch hier ist *nichts* geschehen. Auch hier kommen die Jesus-Anhänger in all ihrer Enttäuschung und Verzweiflung zusammen. Dann aber der grundlegende Unterschied: Sie erleben eine Vision, vielleicht eine Massensuggestion, sie erliegen einer kollektiven Einbildung. Vor lauter abgrundtiefer Sehnsucht *bilden sie sich ein*, Jesus sei ihnen erschienen. Sie stecken einander an mit der Botschaft, dass Gott in Jesus den Tod überwunden habe. Ein konkret benennbarer Verursacher dieser Einbildung lässt sich im Nachhinein – diesem Modell zufolge – nicht mehr ausmachen. Viele erklären gleichzeitig authentisch und subjektiv überzeugt, dass sie diese Auditionen und Visionen wirklich erlebt haben.

Einzuräumen ist: Aus der reichen Geschichte der Menschheitskulturen kennt man derartige Phänomene durchaus. Unmöglich ist also auch dieses Modell nicht. Die im Blick auf das zweite Modell benannten Rückfragen stellen sich hier jedoch in noch größerer Dringlichkeit: Ist es wirklich überzeugend, den Ursprung des Christentums mit einer solchen Erklärung abzutun? Wäre eine derartige Suggestion nicht allzu leicht durchschaubar, widerlegbar, angreifbar gewesen? Hätte sich nicht auch hier ein entscheidender Widerstand schon innerhalb der Jüngergruppe selbst gebildet? Ein Plausibilitätsvorsprung gegenüber dem erstgenannten Modell lässt sich kaum begründen.

Viertes Modell: *Alles Erkenntnis*. Das vierte Modell geht von einem langsamen Erkenntnisprozess der Jüngerinnen und Jünger aus, die ihre Einsicht dann in leichter verstehbare Erzählungen umwandelten. Nicht Erfindung, nicht Einbildung, sondern ein kollektiver Reflexionsprozess liegt demnach den Osterereignissen zugrunde. Auf Schriftlesung basierende Bildung und zu kreativem Transfer fähiges Deutungsvermögen bilden die Grundlagen dieses

Modells. Ostern ist hier das *Ergebnis des Nachlesens und Nachdenkens* über die Botschaft und Kreuzigung Jesu auf der Grundlage der gesamten Heiligen Schrift.

Gleich mehrfach verweisen die österlichen Bibeltexte tatsächlich darauf, dass aus der (vorösterlichen) Bibel selbst der Schlüssel zum rechten Verständnis wächst: Die Jünger verstehen erst, nachdem ihnen der Sinn »für das Verständnis der Schriften« (Lk 24,45) geöffnet wurde. Eine Zeit lang war ihnen dieser Zugang verstellt, denn »sie hatten noch nicht die Schrift verstanden, dass er von den Toten auferstehen müsse« (Joh 20,9). Erst allmählich geht ihnen auf, »was in der gesamten Schrift über ihn geschrieben steht« (Lk 24,27). Stets wird hier ein Verstehen durch Lesen, Deuten und Begreifen aus der Schrift aufgerufen. Im Hintergrund wird ein Erkenntnisprozess beschrieben, der eines göttlichen Eingriffs eigentlich nicht bedürfte. Ist der Osterglaube also das Ergebnis eines allmählichen Verstehensvorgangs – von Einzelnen ausgelöst, dann kollektiv verbreitet? Handelt es sich um Einsichten des Verstandes, die dann narrativ ausgestaltet wurden – ein im Orient weit verbreitetes Erzählverfahren?

Dass es derartige Deute- und Verstehensprozesse gab, ist kaum strittig. Fraglich bleibt, ob sie *allein* ausgereicht hätten, um die Osterbotschaft zu verbreiten. Solche Prozesse brauchen Zeit. Von längeren Phasen einer österlichen Sinnsuche ist aber nirgends die Rede. Sie brauchen auch Gesprächsräume und -foren, doch auch die sind weder bezeugt noch plausibel. Sie ergreifen zudem eher den Intellekt. Die Osterberichte schildern aber durchweg Erfahrungen von tiefer existenzieller Ergriffenheit. Ostern als Prozess intellektuellen Verstehens? – Insgesamt reicht das somit skizzierte vierte Modell kaum aus, um die Osterereignisse überzeugend und hinreichend zu erklären. Es bedarf einer fünften Option.

Fünftes Modell: *Real, aber un(be)greifbar.* Das letzte hier darzustellende Modell zur Erklärung des Ostergeschehens ist am schwierigsten. Dieser Auffassung zufolge ist an Ostern real etwas geschehen, unabhängig von bloßer Erfindung, psychischen Wunschbildern oder Einbildungen und Erkenntnisprozessen. Es vollzog und vollzieht sich aber nicht auf der Ebene der Materie, des objektiv Nachweisbaren, des mit empirischer und analytischer Vernunft Erschließbaren. Vielleicht hilft ein Vergleich, dessen Reichweite freilich begrenzt bleibt. Wenn sich Menschen ineinander verlieben, ändert sich ihr Leben radikal. Alles, was gestern den Alltag bestimmte, steht heute unter neuen Vorzeichen. Der ganze Zugang zur Wirklichkeit, der Blick auf plötzlich erahnbare Möglichkeiten ist anders. Absolut, allumfassend und real.

Objektiv ließe sich aber auch hier nur wenig ›beweisen‹. Dass und wie ein Leben im Zeichen von Liebe anders, grundlegend anders ist, spüren und wissen Liebende als tiefste Realität, die sie kennen. Beschreiben lässt es sich nicht, allen Versuchen in Dichtung und Erzählungen zum Trotz. Was diesen einen geliebten Menschen so besonders macht, ist rein rational kaum zu erklären, weder sich selbst, geschweige denn anderen. Am Verhalten merkt man, dass ein liebender Mensch anders lebt als zuvor. Symptome lassen sich dabei durchaus beobachten und beschreiben. Und möglicherweise lassen sich – ganz objektiv – chemische Reaktionen im Körper nachweisen. Eine Erklärung liefert all das letztlich nicht.

So ähnlich – nicht genauso! – kann man Ostern verstehen. Da ist etwas real geschehen. In den biblischen Worten: *Gott hat Jesus von den Toten auferweckt.* Objektiv schildern lässt es sich aber nicht. Und doch verändert es alles: Das Grundlebensgefühl, den Blick auf die Gegenwart, die Hoffnung auf Zukunft. Wer es tief innen spürt, weiß, wie real es ist. Wer es nicht spürt, kann es sich kaum vorstellen und hält es für Einbildung. Deshalb wollen, nein müssen Glaubende versuchen, von ihren Erfahrungen zu berichten. Von dem erzählen, was ihre Realität grundsätzlich verändert.

Von Gott zu reden ist für Gläubige eben nicht nur ein Herzensanliegen, sondern gemäß 1 Petr 3,15 eine Pflicht, wir haben bereits davon gehört: »Seid stets bereit, jedem Rede und Antwort zu stehen, der von euch Rechenschaft fordert über die Hoffnung, die euch erfüllt.« Aber ihnen geht es wie den Liebenden: Die Sprache kommt an ihre Grenzen. Selbst in den beiden Hauptformen der hier angebrachten Rede, der Poesie und der Narration, nähert man sich einer Verständigung bestenfalls an. Nur wer sich einschwingen kann in die innere Vernunft dieser Gattungen, in die Rationalität des Herzens, in die Potenziale des Möglichkeitssinns, hat eine Chance, das Gesagte zu ›verstehen‹.

Alle österlichen Erzählungen folgen dieser religiösen Grammatik: Sie erzählen von etwas, das sich der Sprache und dem rein rationalen Verstehen entzieht. Und doch von *Realem* spricht, von der tiefsten Wirklichkeit, die denkbar ist. Sie benutzen dazu menschliche Sprache, vertraute Bilder, was denn auch sonst? Aber im intuitiven Wissen um die Grenzen der analogen Rede:

✳ ›Das Grab ist leer‹? – Ein wunderbares Sprachbild, das die Realität des Osterglaubens bündelt. Eine historische Prüfung ist genauso unmöglich wie sinnlos. Das Ziel dieser Aussage liegt im Versuch, die Herzenswahrheit zu vermitteln, nicht ein historisches Ereignis zu bezeugen.

✳ ›Engel‹ berichten vom Schicksal des Verstorbenen und Auferweckten? – Die Menschen, denen solche Erscheinungen zuteilwerden, erkennen nicht, wer da zu ihnen spricht. Was die Botschaft bedeuten soll. Sie sind verwirrt und trauen buchstäblich ihren Augen und Ohren nicht. Das Bild des Engels symbolisiert die tiefst mögliche Ergriffenheit durch eine Erkenntnis, die auf Gott zurückgeführt wird.

✳ Jesus ›erschien‹ seinen Jüngerinnen und Jüngern? – Stets werden die Erscheinungen so erzählt, dass sich der Erscheinende sofort wieder entzieht. Dass der nur kurze Zeit Sichtbare sofort wieder unsichtbar wird. Dass der Moment des vorgeblich äußeren Erkennens unmittelbar umschlägt in ein *inneres* Einsehen, das aber dann ganz automatisch die Sinneswahrnehmungen ausschaltet.

Es bleibt dabei: Es ist unmöglich zu beweisen, dass die Modelle eins bis vier ›falsch‹ wären. Buchstabengetreu Gläubige wie Ungläubige werden mit einer gewissen Plausibilität auf ihren Überzeugungen beharren. In diesem Buch soll jedoch ein Deutungsversuch von Ostern im Rahmen des fünften Modells durchbuchstabiert werden. Im Neuen Testament finden sich zahlreiche Hinweise, die eine solche Lesart geradezu aufdrängen.

Brillant, wie die Evangelien einerseits jeglichen Versuch einer Objektivierung des Ostergeschehens zurückweisen. Umgekehrt betrachtet ist ihre Botschaft jedoch völlig eindeutig: Ostern und Auferweckung sind real, daran lassen sie keinen Zweifel. Keine Erfindung, keine Einbildung! Das ist der Glaube des Neuen Testaments, das Kerngeheimnis des Christentums. Aber diese Realität verweist uns auf eine Logik, die nur das innere Auge, das Tiefengespür, die Wachheit der Seele wahrnehmen kann. Hier kommt jede rein rationale Philosophie, hier kommt jede mit begrifflicher Definition arbeitende Dogmatik, hier kommt jeder vorgeblich eindeutige Katechismus an seine Grenze. Vorbereitet von der religiösen Sprache des Alten Testaments wird Ostern – aus christlicher Sicht – zur Geburtsstunde von Poesie und Narration als Mittel zur Annäherung an die tiefste Wahrheit, die wir Menschen erkennen und benennen können. Wir werden die schönsten Belege in den einzelnen Kapiteln dieses Buches genauer betrachten.

2.

Trauerfreude

Vom Fasten und Feiern

Fastenzeit

verzicht weckt
lebensfreude

rückzug fördert
zuwendung

schweigen löst
wortblockaden

abkehr führt zu
selbstversenkung

in mich hinein
zu Dir hinauf

Ob in Familien, Kirchengemeinden, Kindertageseinrichtungen oder Schulen – ein Bereich bietet ganz besondere Chancen der religiösen Erfahrung: die aktive Mitfeier, bewusste Gestaltung und reflektierende Durchdringung des *kirchlichen Festkreises*, des Kirchenjahres. In keinem anderen Bereich zeigt sich der *Wärmestrom christlicher Tradition* so alltagsnah, so menschenzugewandt, so praktisch ausgerichtet auf gemeinsames Erleben. Gleichwohl muss man differenzieren: Während für viele hier eine nach wie vor ganz selbstverständliche Dimension ihres Lebens, ihres pädagogischen wie seelsorglichen Handelns liegt, finden sich gesellschaftlich zahlreiche Gegentendenzen, die eine *bewusste* Betonung und Gestaltung des Kirchenjahres dringlich erscheinen lassen.

Ambivalenz und Aushöhlung: Osterbräuche

✳ Auch im Blick auf Ostern zeigt sich: Die Dynamik der zentralen christlichen Feste wird immer mehr verschoben – weg von einer Feier und Gestaltung der Feste selbst hin zu einer *Vorverlegung* der Fest-Zeit. Nicht nur die Geschäfte schwenken schon sechs oder sogar acht Wochen *vor* der Zeit auf die mit diesen Festanlässen verbundenen Produkte um, diese werden auch schon immer früher konsumiert. Gegen alle Gebote der ›Fastenzeit‹ finden sich Schokohasen und österliche Süßigkeiten aller Art bereits ab Aschermittwoch in den Geschäften. Und werden gekauft …

✳ Auch der häusliche sowie öffentliche Schmuck wird immer früher angebracht. Hasen- und Eiermotive finden sich weit vor Ostern in und an den Privathäusern. Osterbrunnen und ähnliche Arrangements prägen schon einige Wochen vor dem Fest das Bild der Gemeinden.

✳ Das Bewusstsein dafür, dass die Fastenzeit eine eigengeprägte Zeit mit eigener Würde und eigener Spiritualität ist, ist fast völlig verschwunden. Die Ideen eines gestalteten Vorbereitens und bewussten Innehaltens müssen mühsam neu artikuliert und sorgsam ausgestaltet werden.

✳ Bei alldem geht die Vorfreude genauso verloren wie das Gefühl für die *Pünktlichkeit*. Der Wert des freudig-gespannten Wartens, die Sehnsucht auf das Noch-nicht-gleich-Erfüllte wird der ständigen, sofortigen und vorzeitigen Verfügbarkeit geopfert.

✳ Zudem findet eine immer größere Angleichung von Weihnachten und Ostern statt. Beide Feste werden unterschiedslos (und immer mehr inhaltsfrei) zu Anlässen von übermäßiger Geschenkverteilung. Ob ›Weihnachtsmann‹ oder ›Osterhase‹: Die beiden – explizit nicht religiös konnotierten! – Figuren fungieren austauschbar als Geschenke-Lieferanten.

✳ Schließlich wird die Fastenzeit mehr und mehr umgedeutet, aus christlicher Sicht könnt man sagen ›zweckentfremdet‹: An die Stelle einer religiösen Konzentration – der Vorbereitung auf Ostern – tritt der egozentrische Blick auf die Selbstperfektionierung durch Diäten und Wellnessprogramme im Zeichen des Fastens.

Facetten einer Entwicklung unserer Festkultur – klingt das alles nicht sehr einseitig negativ, nicht zu kulturpessimistisch? Hört man da nicht doch eine grundlegende Skepsis heraus – ›alles wird schlechter‹? Darf man nicht einwenden: Was wäre denn ›schlimm‹ an den aufgezeigten Entwicklungen?

Zum einen muss relativierend hervorgehoben werden, dass sich keineswegs *alle* Menschen diesen Entwicklungen anschließen. In Familien und Kirchengemeinden, in (kirchlichen) Kindertagesstätten und Schulen feiern und gestalten ungezählte Zeitgenossen die christlichen Feste in Bedachtsamkeit, liebevoll und wenn irgend möglich in Ruhe. Gerade im vermeintlichen Einerlei der

Postmoderne suchen viele neu nach einer tieferen Sinngebung und lebenstragenden Gestaltung. Inzwischen gibt es Fastenkalender unter dem Motto der Konzentration auf ›andere Zeiten‹ auch für kirchlich Fernstehende. Das Motto »7 Wochen ohne« kennzeichnet unterschiedliche Aktionen zur bewussten Gestaltung dieser Zeit. Selbst der Kirchgang von sonst Gottesdienst-Ungeübten an Ostern ist ja ein Signal von bleibender Letztverbundenheit, ein Anlass zu Anknüpfung und Ansprache.

Zum anderen legen sich jedoch die Rückfragen danach nahe, worin denn tatsächlich Sinn und Potenzial des kirchlichen Festkreises liegen.

Sinn, Zweck und Spielregeln des kirchlichen Festkreises

Ein erster Gedanke: Auch wenn es im Alltag kaum jemandem bewusst sein mag – wie bei keiner anderen Erscheinung des Glaubens zeigt sich im christlichen Jahreskreis die *Nähe von Religion und Spiel*. In einem jeden Kirchenjahr spielt das Christentum die grundlegenden Stationen des Lebens Jesu nach. Speziell im Katholizismus wird diesem jesuanischen Spielkreis erstens ein marianischer Spielkreis sowie zweitens ein Heiligenkalender als ›Unterfütterung‹ beigefügt. Im Zentrum steht jedoch auch hier das Leben und Wirken Jesu, ausgerichtet auf die Umstände seines Leidens und Sterbens sowie auf die Perspektive des Glaubens an seine Auferweckung.

Von Zeugung, Heranreifung im Mutterleib bis zur Geburt, vom Heranwachsen und Erwachsenwerden hin zum öffentlichen Auftreten, von Wort und Wirkung bis zu Passion, Tod und Auferweckung, von den Nachwirkungen als Auferweckter bis hin zur Weiterwirkung in der Urgemeinde – Jahr für Jahr spielt die Kirche das Leben Jesu nach. Sie verbindet dabei die immer wieder neu aktivierte Erinnerung mit dem Gedanken einer ›Realpräsenz‹, die das in Erinnerung Gerufene *jetzt* und *hier* ganz konkret werden lässt. Kirchlich gebundene Kinder und Jugendliche wachsen so ganz unbemerkt hinein in das Leben Jesu und die Ausgestaltung seiner Wirkung. Wo könnte man besser, einfacher und unaufdringlicher etwas über Jesus lernen als in diesem Spiel? Ein perfektes pädagogisches Konzept, das wahrscheinlich nie theoretisch erdacht oder entworfen werden musste!

Erstaunlich genug: Das Spiel funktioniert. Alle spielen mit! Wie ließe sich der Freudentaumel des Einzugs in Jerusalem an ›Palmsonntag‹ nachspielen, wenn man sich ständig bereits den kommenden Karfreitag vor Augen stellen würde? Was wäre die Trauer der Passion in ständiger Vorahnung der Osterfreude? Wie könnte das verstummende Innehalten des Karfreitags oder die gespannte Stille des Karsamstags gelingen, wenn sie vom Jubel des Folgetags übertönt würde? Die Spielregeln heißen: Schauen auf das Gegenwärtige, Vergessen des Kommenden! So tun, als würde man die ganze Geschichte nicht schon kennen! Ganz und gar in die Emotionalität und Theologie des jeweiligen Augenblicks eintauchen, unter Absehung des Wissens um den Fortgang! Nur so funktioniert das – ganz ernste! – Spiel der Liturgie, nur so lässt sich der im

Kern theologisch und pädagogisch bestimmte Festkreis gestalten. Und das ist auch sinnvoll: Schließlich mag sich Jahr für Jahr in der Karwoche und an Ostern der gleiche Kreis von Bräuchen und Geschichten entfalten, *ich selbst* aber bin nicht mehr der Gleiche.

Warum ist die Einhaltung dieser Spielregeln so wichtig? – Weil nur so das psychologische Grundziel des kirchlichen Jahreskreises erreicht werden kann: die *Rhythmisierung* des Lebens. Ein ewig gleicher Zeitstrom, ein unterschiedsloses Abtropfen immer gleicher Tage – das ist für uns Menschen unerträglich. Wir brauchen die Einteilung des Zeitstroms, das zeigt schon die – ja keineswegs zwangsläufige – Strukturierung in Jahre, Monate, Wochen, Tage, Stunden, Minuten, Sekunden. Im Kontext zunehmender interkultureller Information wissen wir, dass diese Einteilung sinnvoll, aber kulturell geformt und somit auch anders denkbar ist.

Aber diese formale Zerstückelung von Zeit reicht nicht aus: Wir brauchen darüber hinaus emotionale Orientierung und Perspektive, Anlass zur Vorfreude, Fixierung von Sehnsucht, Konkretisierung von Hoffnung. Genau das liefert das Kirchenjahr: klar abgegrenzte Zeiträume (drei Festkreise); klar benannte Höhe- und Wendepunkte (Weihnachten, Ostern, Pfingsten); inhaltliche und ästhetische Füllungen der Zeitstränge (Freudezeit, Trauerzeit, Wartezeit). Wie genau die Ausgestaltung des Kirchenjahres sich an diesen auch psychologisch bestimmten Funktionen orientiert, wird deutlich, wenn wir darauf schauen, wie sich die Verteilung der Feste auf die natürlichen Bedingungen unseres Lebensbereichs beziehen lassen. Die Hauptfeste liegen für uns Bewohner der Nordhalbkugel in Spätherbst, Winter und (Spät-)Frühling, just in jener Zeit also,

68

in der die Menschen angesichts von Dunkelheit, Widrigkeit und Kälte eine Perspektive, eine Rhythmisierung besonders benötigen. Der Sommer hingegen ist sich selbst genug. Zeit der Ernte, Zeit der Fülle – hier ›braucht‹ es keine zusätzlichen Perspektiven durch zentrale christliche Feste.

Überhaupt: Das Kirchenjahr orientiert sich in seiner inhaltlichen wie ästhetischen Gestaltung ganz eng am *Naturkreislauf.* Theologisch gesprochen: Schöpfungstheologie und Christologie durchdringen einander. Die Nachfeier des Lebens Jesu und das Werden wie Vergehen in der Natur spiegeln sich gegenseitig, verbunden durch ungezählte Symbolwelten. In der längsten Nacht des Jahres entsteht das neue Licht. Mit dem allmählichen Aufblühen der Natur wächst Jesus heran. Genau zum Neuanfang des Naturkreislaufes im Frühling bricht mit der Auferweckung Christi etwas ganz Neues an. Dass aus Totem Leben wird, lässt sich in der Osterzeit auch – wenn auch ganz anders – in der Natur erleben. Zahlreiche weitere Verbindungen ließen sich nennen. Diese Korrelationen beziehen sich freilich nur auf die Abläufe der nördlichen Halbkugel als Entstehungsraum des Christentums. Christen auf der südlichen Halbkugel haben es nicht leicht, wenn die österliche Metaphorik von Aufbruch und neuem Leben in die Jahreszeit der letzten Ernte, des Absterbens der Natur, des Herbstes fällt. Für Kinder, Jugendliche und Erwachsene in unserer Gesellschaft aber ermöglicht diese Verbindung von Festgestaltung und Naturkreislauf eine ganzheitliche Rhythmisierung von Zeit, in welcher Religion ein integraler Bestandteil von Welterfahrung sein kann.

Und ein letzter Gedanke zur allgemeinen Bedeutung des Jahreskreises: Wie kaum ein anderer Bereich verweist die bewusste Feier und Gestaltung von religiösen Festen auf die *Möglichkeiten interreligiösen Lernens*. Und das gleich in mehrfacher Hinsicht. Zunächst hat das Christentum die Gestaltung des Jahres als Festkreis nicht erfunden. Wie vieles andere auch, etwa die Sieben-Tage-Woche oder die Fastenzeiten, stammt die Idee eines Festkreises aus dem Judentum. Auch dort wurden und werden die zentralen Feste in einer chronologischen Verteilung über das Jahr gefeiert. Fast alle jüdischen Feste dienen mehreren Zwecken zugleich: Sie

* gestalten die Zeit (etwa: Rosch Haschana, Neujahr, das ›Haupt des Jahres‹),
* beziehen sich auf die landwirtschaftlichen Prozesse (etwa: Sukkot, das ›Laubhüttenfest‹; Schawuot, das ›Wochenfest‹),
* erinnern an zentrale Ereignisse der biblisch erzählten Geschichte (etwa: Chanukka, das ›Lichterfest‹; Pessach, das ›Überschreitungsfest‹ des Exodus),
* rufen nach-biblische, legendarisch-historische Anlässe in Erinnerung (etwa: Purim, das ›Los-Fest‹)
* oder schließen sich an Ereignisse der jüngeren Geschichte an (etwa an Jom haSchoah, die Erinnerung an die Shoa; an Jom haAzmaut, den ›Unabhängigkeitstag‹).

Jedes Fest ruft dabei immer mehrere Dimensionen auf: religiöse, historische, brauchtumsbezogene, politische, gesellschaftliche. Vor allem die *Verbindung von Pessach und Ostern* verweist auf die vielen Gemeinsamkeiten und Verbundenheiten, bei allen eigen und trennend bleibenden Traditionen. Der Glaube Jesu vereint, der

Glaube *an* Jesus trennt Judentum und Christentum. So sehr es für Juden möglich ist, Jesus als herausragenden Juden seiner Zeit zu sehen; so sehr einzelne Juden eine tiefe Vertrautheit mit Person und Sache Jesu bezeugen; so sehr Jesu Wirkungsgeschichte auch im Blick einer Ausrichtung auf den einen Gott hervorgehoben werden kann; so sehr auch in jüdischer Perspektive gerade der Gekreuzigte das jüdische Schicksal verkörpern kann – *an* diesen Jesus als den Christus, den Sohn Gottes, den Messias, den Präexistenten und Auferweckten zu glauben ist für Juden, die Juden bleiben wollen, unmöglich. Gerade der Osterglaube ist so ein bleibender Anlass für interreligiöse Begegnungen und Gespräche von Juden und Christen! (vgl. *Langenhorst* 2016b)

Der Osterfestkreis

Schauen wir genauer auf den Osterfestkreis (zur Vertiefung: *Kirchhoff* 2004, S. 91 ff.). Auch wenn das Christentum das Zentrum seiner Feiern weg von dem die Woche abschließenden und krönenden Sabbat auf den Sonntag als den ersten Tag der Woche, als den Tag der Auferweckung legte, geht es doch ganz auf jüdische Bräuche zurück. Schon früh zeigte sich aber, dass man die ursprünglich enge Koppelung an das jüdische Pessachfest lösen wollte. Das Konzil von Nizäa (325) legte jenen Termin fest, der bis heute gilt. Anders als Weihnachten, das auf einen festen Tag terminiert wurde, verschiebt sich der Ostertermin ja nach dem Stand des Mondes. Ostern wird seitdem am ersten Sonntag nach dem Frühlingsvollmond gefeiert. Diese Spanne kann vom 22. März bis zum 25. April reichen. Alle anderen Feiertage des Osterfestkreises richten sich nach diesem Termin: 40 Tage vorher (plus ausgenommene Sonntage) markiert der Aschermittwoch den Beginn der Fastenzeit, 40 Tage später feiert die Kirche das Fest »Christi Himmelfahrt«, 50 Tage später Pfingsten.

Eine der Konsequenzen dieser Entscheidung zeigt sich darin, dass jüdischer und christlicher Kalender seitdem nach unterschiedlichen Prinzipien funktionieren. Drei kosmologische Grunddaten prägen die menschliche Zeitberechnung:

* Die Drehung der Erde um die Sonne, wobei man lange Zeit von der umgekehrten Bewegungsdynamik ausging: als drehe sich die Sonne um die Erde. Das dadurch geprägte *Sonnenjahr* (ca. 365,25 Tage) bestimmt maßgeblich den Vegetationszyklus.

* Die Drehung des Mondes um die Erde, die sich in dessen abnehmender und zunehmender Sichtbarkeit erfahren lässt und vielfache Naturphänomene beeinflusst. Ein kompletter *Mondzyklus* oder Monat dauert ca. 29,5 Tage.

* Die Drehung der Erde um sich selbst, die *Tag* und Nacht, Phasen von Helligkeit und Dunkelheit bestimmt.

Diese Vorgaben wurden durch Naturbeobachtung schon in frühesten Kulturen erhoben, an ihnen orientiert sich die Zeitberechnung. Während die Einheiten von siebentägigen Wochen (andere Kulturen kennen acht- oder zehntägige Einheiten), von Stunden, Minuten und Sekunden beliebige Setzungen sind, findet der Mensch die Einheiten von Jahr, Monat und Tag vor. Wie aber lässt sich aus diesen Vorgaben eine stimmige Zeitberechnung erstellen?

✳ Entscheidend bis zum heutigen Tag sind Vorgaben, die aus dem *Judentum* stammen, das seinerseits auf bereits zuvor geprägte Vorstellungen zurückgriff. Die jüdische Zeitregelung wurde vom Christentum beerbt und variiert. Sie richtet sich nach einem ›Lunisolarkalender‹, der sich in der Berechnungseinheit ›Monat‹ am Mond, in der Berechnungseinheit ›Jahr‹ an der Sonne ausrichtet, und die Überbrückungszeit durch die Einfügung von ›Schaltmonaten‹ ausgleicht. Das Mondjahr ist gegenüber dem Sonnenjahr um ca. elf Tage kürzer. Im Judentum werden deshalb innerhalb von 19 Jahren sieben Schaltmonate eingefügt.

✳ Das *Christentum* übernimmt diesen Grundzug, nicht jedoch die Tradition des Schaltmonats. Im Rückgriff auf den sogenannten ›Julianischen Kalender‹ – eingeführt von Julius Caesar 46 v. Chr. – wird stattdessen jedes vierte Jahr ein Schalttag (der 29. Februar) eingefügt. Fast allgemein gültig ist jedoch seit 1582 der ›Gregorianische Kalender‹, der zehn Tage aus der zuvor geltenden, durch mangelnde Präzision ungenau berechnenden Zählung streichen ließ. Einige östliche Kirchen richten sich freilich immer noch nach dem ›Julianischen Kalender‹, dadurch ergeben sich interkonfessionelle Abweichungen in der Berechnung der Festtage.

Zwei Erscheinungen erklären sich aus diesem kurzen Exkurs in die Zeitberechnungen. Pessach und Ostern werden in der gleichen Jahreszeit gefeiert, fallen manchmal sogar auf denselben Tag. Durch den unterschiedlichen Umgang mit den Schaltmonaten oder Schalttagen gibt es hier jedoch keine prinzipielle Gleichzeitigkeit.

Die gibt es selbst innerhalb des Christentums nicht. Da sich einige Ostkirchen bis heute am julianischen Kalender orientieren, gibt es immer mindestens zwei voneinander abweichende Ostertermine.

Was aber heißt das Wort »Ostern«? Erstaunlich: Die etymologische Herkunft dieses Begriffs ist unklar. Lange Zeit hat man das Wort auf eine germanische Frühlingsgöttin namens »Ostara« zurückgeführt. Diese lässt sich aber nirgends belegen. Oder man nimmt an, dass die traditionelle Bezeichnung der Osterwoche ›albae paschalis‹ namensgebend wurde, ein Hinweis auf die weißen Kleider der Neugetauften an diesem Tag. ›Albae‹, die Kleider, wurde dann ins Germanische übersetzt als ›ostarum‹ … Möglich! Die genaue Herkunft des Wortes bleibt umstritten.

Schon früh wurde die Osternacht zu dem großen zentralen Tauftermin des Christentums. Zur Vorbereitung aber war eine vierzigtägige *Fastenzeit* üblich. Fasten als religiöse Zeit des Zu-sich-selbst-Kommens und der Konzentration auf Gott ist ein weitverbreitetes Phänomen. Es findet sich nicht nur in Judentum und Islam, sondern auch in vielen anderen Religionen. Im Christentum gilt der vierzigtägige Rückzug Jesu in die Wüste als Vorbild. Mit dieser Wüstenzeit stellt sich freilich schon Jesus in eine lange jüdische Tradition. Der (Teil-)Verzicht auf Nahrungs- und Getränkeaufnahme bewirkt erwiesenermaßen die Möglichkeit zu besonderer Konzentration. Typisch katholisch: Der Sonntag bleibt als Gedenktag der Auferweckung stets ausgenommen. Alles hat seine Zeit …

Die meisten der in unserem Kulturkreis üblichen Osterbräuche sind noch relativ jung. Überhaupt: Ein »Mittebrauch« (*Kirchhoff*

2004, S. 94) zur Gestaltung dieser Zeit – etwa analog zum Adventskranz – fehlt. Wenige Einzelbräuche haben sich jedoch erhalten und werden bis heute in den Kirchengemeinden gefeiert.

* Am *Aschermittwoch* erinnern die Ascheweihe und die Aschenauflegung an die Sterblichkeit des Menschen. Gleich zu Beginn der Fastenzeit wird die Dimension des Karfreitags eingespielt, freilich immer schon unter der österlichen Perspektive.

* An *Palmsonntag* werden Palmenbüschel geweiht, für die es eine breite Spannbreite an regionalen Namen gibt. Palmenprozessionen, gegebenenfalls unter Einbeziehung des ›Palmesels‹, rufen den Einzug Jesu in Jerusalem in Erinnerung.

* An *Gründonnerstag*, abgeleitet vom mittelhochdeutschen Wort ›greinen‹, feiert man das letzte Abendmahl Jesu nach, oft gestaltet als Pessachmahl. In den Gottesdiensten wird häufig die Fußwaschung inszeniert, angelehnt an das im Johannesevangelium erzählte Vorbild Jesu (vgl. Joh 13,1–11). Im ›Gloria‹ erklingen zum letzten Mal bis Ostern die Glocken und die Orgel. Die verschiedenen Formen von Altarschellen werden durch Holzklappern ersetzt. All dies symbolisiert ohrenfällig, dass nun eine besondere, herausragende, einzigartige Zeit im Jahr beginnt.

* Der *Karfreitag*, absoluter Fastentag, ein Tag der Stille und des Gebets, erinnert an das Sterben Jesu. Karfreitagsprozessionen oder Kreuzwegsgänge bestimmen den Tag. Holzratschen rufen zum zentralen Gottesdienst um 15.00 Uhr.

* Die *Osternacht* läutet den großen Umschwung ein. Osterfeuer beleuchten die Nacht. Die ein Jahr lang maßgebliche, neue

Osterkerze wird an der Flamme des Osterfeuers entzündet. Auferstehungsfeiern nehmen die Gläubigen hinein in die Dynamik des neuen, anderen Lebens. Das Osterlamm, früher *das* klassische Opfertier, symbolisiert schon seit biblischen Zeiten jenen Jesus, der sich ›für uns‹ hingibt. Speisenweihen und Ostereier deuten auf das Ende der Fastenzeit hin. Osterbuschen und Osterbrunnen, oft mit ausgeblasenen und bunt angemalten Eiern verziert, feiern das neue Aufleben der Natur. Man erzählt sich, dass Osterhasen Eier, Süßigkeiten und Geschenke versteckt haben, die nun von Kindern und Junggebliebenen gesucht werden. Mit einem Osterlachen darf man selbst in den Gottesdiensten die Zeit der Trauer verabschieden.

All diese – und weitere – Bräuche werden bis heute gepflegt. Viele haben aber jeglichen Bezug zur religiösen Intention des Festes verloren. Sie funktionieren als festliche Frühlingsgestaltung auch fern jeglichen Bezugs zum Christentum. Nichts daran ist verwerflich. Aus christlicher Sicht geht es gleichwohl darum, zu prüfen, welche dieser Traditionen dazu geeignet sind, das Urgeheimnis von Auferweckung so zu gestalten, dass es wenigstens ansatzweise erfahrbar wird. Die pädagogische Aufgabe besteht darin, für Heranwachsende wirkkräftige Zugänge zu erschließen. Gut, wenn die Wärmeströme von sinnvoll gepflegten Bräuchen pulsieren. Einmal verebbt sind sie schwer zu ersetzen.

Osterlieder

Anders als im Blick auf Weihnachten waren die Osterlieder für die Tendenzen zur Popularisierung, Kommerzialisierung und Profanierung nicht anfällig. Osterlieder haben es kaum geschafft, volksliedhaft bekannt zu werden. Ihr Wirkort bleibt fast ausschließlich der Kirchenraum.

Das einfachste Osterlied bleibt wohl auch das eindrücklichste. Erstmals erwähnt im zwölften Jahrhundert, ist »Christ ist erstanden« (Gotteslob 318) eine knappe Nachzeichnung des Osterglaubens: »Erstanden« ist er, zu unserem »Trost«. Ohne seine Auferweckung »wär die Welt vergangen«. Wie sollte man sich da nicht freuen? »Froh sein« dürfen wir, bis hinein in die Tiefe unserer Seele. Worte kommen an ihr Ende. Am Ende bleibt ein Lobpreis: »Halleluja«. Immer wieder. In melodischen Bögen schwingt das Lied zu einem Grundton tiefer Ergriffenheit aus. Nein, das lässt sich nicht als Pop-Version verkaufen. Das kann man nicht rappen und nicht versüßlichen. Das singt man gemeinsam in der Kirche. Und lässt die Melodie in den Alltag ausschwingen.

Kein anderes Osterlied reicht an dieses heran. Kein »Gelobt sei Gott im höchsten Thron« (GL 328), kein »Das ist der Tag den Gott gemacht« (GL 329), kein »Preis den Todesüberwinder« (in Regionalteilen des GL). Und kein Lied des – in anderen Themenfeldern so produktiven und wunderbar kreativen – ›neuen geistlichen Liedgutes‹ hat es geschafft, in den Kanon der weithin gesungenen Osterlieder aufgenommen zu werden. Ostern bleibt auch in dieser Hinsicht ein Fest, das zwar das Herzstück des Christentums bildet, sich jedoch als sperrig erweist. Einerseits wohltuend gegen alle Verzweckung und Verflachung, andererseits problematisch, weil sein Ur-Sinn sich dem leichten Verstehen verschließt. Davon wird die Rede sein. Lassen wir zuvor den österlichen Jahreskreis Gestalt annehmen durch das Gedicht eines Lyrikers, der nie im Fokus der literarischen Öffentlichkeit stand.

Rainer Prachtl: Einladung ins Leben

Rainer Prachtl (*1950) lebte bis zur ›Wende‹ als bekennender Christ in der DDR. Aufgewachsen im katholischen Diaspora-Milieu Neubrandenburgs war er dort lange Jahre als Caritasdirektor tätig. Durch die politischen Umwälzungen änderte sich auch sein persönliches Lebensumfeld. Von 1990 bis 2006 war er Mitglied des Landtags von Mecklenburg-Vorpommern, dem er von 1990 bis 1998 vorstand. Von früh auf literarisch interessiert, veröffentlichte er schon zu DDR-Zeiten Lyrik und Kurzprosa, die aber nie ein großes Publikum erreichte. Der Schöningh-Verlag veröffentlichte 1993 den Gedichtband »Graue Rose«, dem 1994 die Sammlung »Fremde Sommer« folgte. Aus diesem Gedichtband stammt der folgende Text (*Prachtl* 1994, S. 27):

Am Steinkreuz

– Friedhof in Parchim –

JESUS im Fadenkreuz
Fußspuren dunkel
im Schattenspiel

Versteinerte Müdigkeit
die gebeugte Schulter endet
in der offenen Hand

Rainer Prachtl

Dieses unprätentiöse, still benennende Gedicht wirkt wie eine spirituelle Meditation, die ihre Kraft durch die wenigen, sparsam gesetzten Verse entfaltet. Prachtl verdichtet ein ganz spezielles Erlebnis an einem tatsächlich existierenden Kreuz. Der Ort ist genau angegeben: ein Steinkreuz auf dem Friedhof im Städtchen Parchim im Bezirk Schwerin. Die Tageszeit kann man durch den Hinweis auf die Schattenspiele zumindest erschließen: Abenddämmerung. Sechs karge Kurzverse reichen aus, um die ruhige Tiefe des Erfahrenen auszudrücken. Das Nicht-Gesagte, von den Lesenden Mitzudenkende, Einzufühlende wird hier wichtiger als der tatsächliche Text, der nur Grenzmarken setzt, innerhalb derer die Gedanken sich kristallisieren sollen. Ein Text, fast wie eine Anweisung zum Malen eines Bildes, das man selbst realisieren muss.

Im Zentrum steht die Begegnung mit dem Kreuz, mit dem Gekreuzigten, direkt angesprochen und drucktechnisch hervorgehoben am Anfang des Gedichtes: Jesus im Zentrum der Aufmerksamkeit, wie im Fadenkreuz eines Zielfernrohrs, gesucht und gefunden, scharf gestellt. Um ihn herum oder auf ihn zu: »Fußspuren«, nicht genau erkennbar, im Dunkel verwischt. Sie verstärken die Konzentration auf ihn, die Mitte. Die zweite Versgruppe nimmt Jesus nun selbst in den Blick, betrachtet den Korpus am Steinkreuz. Doch nicht – wie zu erwarten – um Qual und Leiden geht es dem Betrachter, sondern um anderes: »Müdigkeit« bezeichnet die Haltung dieses Jesus. Seines Lebens müde »beugt« sich die Schulter herab – doch nicht in den Tod. Die Schulter führt zur offenen Hand, zur einladenden Geste ins Leben. Der visuelle Eindruck (das konkrete Kreuz) wird hier ins Wort verdichtet (den Gedichttext), um wieder zu einem – dieses Mal eigenen, imaginären – visuellen Eindruck (die Idee der einladenden Hand) hinzuführen. Die Betrachtung des Kreuzes ruft hier nicht dessen Funktion als Martersymbol auf, auch nicht den Verweis auf Auferweckung oder Auferstehung. Das Kreuz wird vielmehr zum vielschichtigen Symbol der Hinwendung und Einladung zum Leben im Zeichen Jesu.

3.
Anklagepunkte

Matthäus 27,24

Pilatus als zynischer
Wahrheitssucher

Wahrheit

Was ist Wahrheit?
Dass es sie nicht gibt?
Dass wir sie nicht erkennen?
Dass sie sich uns entzieht?

Seht: das ist der Mensch!

Ausgespannt zwischen
Kleinmut und Größe
Hass und Liebe
Wut und Sanftheit

Seht: das ist der Mensch!

Getragen zwischen
gestern und morgen
Leben und Tod
Erde und Himmel

Seht: das ist der Mensch!

Was du
dem Geringsten tust
Tust du MIR

Blicken wir auf die Erzählungen, die im Zentrum von Passion und Auferweckung stehen, auf die zentralen Personen und Motive. Eine gut erzählte tragische Geschichte um einen Prozess und ein dann auch vollstrecktes Todesurteil braucht ein fest umrissenes Personal. Schon allein die Grundvorgaben von Narration verlangen nach bestimmten Rollenträgern. Es braucht Ankläger, Verteidiger und Richter. Es braucht Freunde, Verräter und Opportunisten. Es braucht Trauernde, Zeugen und Überlieferer. Das Neue Testament hält sich an diese Vorgaben. Es verteilt seine Rollen, gestaltet jedoch einige stärker aus, andere schwächer. Es blendet einige Aspekte ab, um andere betonen zu können. Es deutet die Charaktere nicht restlos aus, sondern lässt Lücken, Fragezeichen, Widersprüche.

Drei Rollen stehen im Blick auf das Leiden und den Tod Jesu im Zentrum: der Richter, der Verräter, der Freund. Über den Blick auf die Ausgestaltung ihrer Nebenrollen erschließt sich die Charakterisierung der Hauptrolle, Jesus, anders. Blicken wir zunächst auf den Richter, *Pontius Pilatus*.

Ritter von der traurigen Gestalt

»Jesus?« – stirnrunzelnd versucht Pontius Pilatus sich zu erinnern: Jesus, ob er sich denn nicht an ihn erinnere, wird er gefragt, schließlich habe er ihn doch vor etlichen Jahren ans Kreuz schlagen lassen. Doch müde winkt der greisenhafte Pilatus ab: »Jesus der Nazarener? Ich erinnere mich nicht.« (*France* 1981, S. 56). Mit die-

sen Worten endet die Erzählung »Der Statthalter von Judäa«, mit
welcher der französische Literaturnobelpreisträger *Anatol France*
(1844–1924) im Jahre 1892 die Epoche einer neuen, überaus produktiven literarischen Wiederentdeckung der Figur des Pilatus einläu-
ten sollte. Was macht den besonderen Reiz dieses Pilatus – auch für
zeitgenössische Schriftstellerinnen und Schriftsteller – aus?

Pontius Pilatus, von 26 bis 36 Präfekt (also Statthalter oder Stell-
vertreter des römischen Kaisers Tiberius) in der Provinz Syrien,
zu der Judäa und Samaria seit dem Jahre 6 n. Chr. hinzugehörten,
wird im Neuen Testament zu einer der wenigen wirklich profilier-
ten *Gegenfiguren* Jesu ausgestaltet. Gerade als Gegenspieler birgt
sich in ihm aber der Konflikt, der ihn zur spannenden Spiegelfigur
Jesu werden lässt. Durch seine Augen erschließt sich ein neuarti-
ger und provokativer Zugang zum Jesus-Geschehen, geprägt von
unterschiedlichen Zugangsfragen. Was für ein Mensch war dieser
Pilatus in seiner Zeit und Gesellschaft? Welche Rolle spielte er
tatsächlich im Prozess Jesu? Wie lebte er mit seiner Verantwortung
für dessen Martertod? Wurde seine ja bereits in den Evangelien
erwähnte Frau tatsächlich zu einer der ersten Christinnen, wie es
die Legendenbildung von früh auf ausfantasiert?

Er mag neben Julius Caesar der bekannteste Römer überhaupt
sein. Die Aufnahme der Kurzformel »gelitten unter Pontius Pilatus« in das Christliche ›Credo‹ lässt seinen Namen bis heute mil-
liardenfach ertönen, wieder und wieder. In der koptischen Kirche
wird er sogar als Märtyrer und Heiliger verehrt, wäre doch ohne
ihn die Heilsgeschichte nicht möglich gewesen. Aber was weiß
man denn *historisch gesichert* über diesen Mann, dessen Vorname

nicht überliefert ist? Immerhin: Neben den Evangelien finden sich Erwähnungen des Pilatus bei dem römischen Geschichtsschreiber Tacitus, beim jüdischen Historiker Flavius Josephus und bei dem jüdischen Philosophen Philo von Alexandrien. Münzfunde mit Hinweisen auf seine Regierungszeit unterstützen diese literarischen Quellen. Seine historische Existenz und Mitwirkung im Prozess gegen Jesus lassen sich nicht bestreiten.

Historisch greifbar wird er freilich nur durch seinen zehnjährigen Dienst als fünfter Präfekt von Judäa, einer Provinz, die als besonders schwer regierbar galt. Der Familienname Pontius verweist auf das in der Profanhistorie gut bekannte römische Adelsgeschlecht der Pontier. Und der Zusatzname Pilatus weist ihn als Schwertträger (pilum – Schwert) aus, als Ritter. Aber weder über sein Vorleben noch über sein Nachleben gibt es gesicherte Informationen, wenn auch reichhaltiges legendarisches Material. Sicherlich hatte er sich bereits zuvor und anderswo als Regent bewährt, sonst hätte man ihm dieses schwere Amt nicht anvertraut. Dass er es zudem zehn Jahre lang innehatte, weist auf eine aus römischer Sicht gute Amtsführung hin. So ergibt sich durchaus das Bild von einem »umsichtigen, pflichtbewussten Statthalter« (*Demandt* 2012, S. 64).

Es gibt Gegensignale, so »tendenziös« (ebd.) sie auch sein mögen: Lukas berichtet davon, dass Pilatus in Jerusalem ein Massaker an galiläischen Pilgern zum Tempel verüben ließ, »deren Blut« der Statthalter »mit dem ihrer Opfertiere vermischt hatte« (Lk 13,1). Und die jüdischen Geschichtsschreiber Philo und Flavius Josephus lassen kein gutes Haar an ihm, schildern ihn als »sturen, jähzornigen, nachtragenden, von Natur aus unbeweglichen Mann«, auf »dessen Konto Beleidigungen, Räubereien, Gewalttaten und mutwillige Schäden« gegangen seien, angereichert durch »Bestechlichkeit, viele Akte schlimmer Grausamkeit und zahlreicher Hinrichtungen ohne Gerichtsverfahren« (*Vermes* 2006, S. 144).

Durchaus denkbar, dass diese Kennzeichnungen stimmen, und dennoch nicht gegen eine aus Herrschersicht ›gute Amtsführung‹ verstießen. Ob Pontius Pilatus also wirklich besonders grausam war, wie es die fantasievollen Legendenerzähler behaupten? Ob er sich am Tempelschatz bereicherte und dadurch die Juden gegen sich aufbrachte? Ob er sich auf Staatskosten eine private Wasserleitung in seinen – bis heute in Jerusalem eindeutig verortbaren – Palast legen ließ? Ob er wegen eines Übergriffs gegen eine Gruppe Samaritaner letztlich seines Amtes enthoben und zurück nach Rom beordert wurde, um sich dort zu rechtfertigen? Ob er sich später in Rom aus Verzweiflung selbst das Leben nahm oder in das gallische Vienne in die Verbannung geschickt wurde, wo sich seine Spuren verlieren? All das sind historisch unüberprüfbare legendarische Ausschmückungen.

Einblicke in das Prozess-Wesen

So bleibt es dabei: Die biblischen Erzählungen selbst werden zu den wesentlichen Quellen über die Ereignisse rund um den Prozess und die Kreuzigung Jesu, überprüft durch den kritischen Filter historischer Triftigkeit. Fest steht: Nicht die Römer hatten ein primäres Interesse daran, Jesus umzubringen, sondern die Vertreter der jüdischen Obrigkeit der damaligen Zeit. Dieser Wanderprediger, dieser Kritiker der finanziell einträglichen Tempel-Geschäftigkeiten bedrohte ihre Privilegien. Sie hatten sich mit den Römern arrangiert, ein für beide Seiten sinnvolles Abkommen. Die jüdische Obrigkeit konnte ihre religiöse, juristische und fiskalische Eigenständigkeit weitgehend behalten, wenn sie nur dafür sorgte, dass Ruhe in ihrer Provinz herrschte und die vertraglich geregelten Abgaben an die Römer entrichtet wurden. Die Römer als Besatzungsmacht mischten sich in die inneren Angelegenheiten nicht ein, solange diese Bedingungen erfüllt wurden: politischer Friede und Erfüllung der Steuerpflicht.

Ein Vorrecht aber band der römische Staat an sich: die Entscheidung über und Durchführung von Todesstrafen. Viele juristische Belange konnte die jüdische Obrigkeit selbst regeln, diese nicht. Rom behielt sich das *ius gladii*, die sogenannte ›Halsgerichtsbarkeit‹, also die Durchführung von Prozessen vor, die mit einem Todesurteil endeten. Erneut gab es eine Ausnahme: Einen rein religiös begründeten Verstoß gegen das Heiligtum hätte die jüdische Gerichtsbarkeit selbst mit einem Todesurteil und einer Vollstreckung abschließen können, dann freilich nicht öffentlichkeitswirksam am Kreuz. Aber um einen derartigen Vorwurf ging es hier ganz offensichtlich nicht. Für die angestrebte Verurteilung zum Tod brauchte die jüdische Obrigkeit also die Mitwirkung des Statthalters. Und dieser legte Wert auf eine Begründung.

›Gotteslästerung‹ oder der explizit erklärte Anspruch, der Messias zu sein, wie es in den Evangelien heißt (Mk 14,64 par), wird

dabei kaum die entscheidende Anklage gewesen sein. Nach jüdischem Recht galt eine solche Selbstbezeichnung als Messias
nicht als todeswürdiges Verbrechen. Und die Römer, die ihren
Provinzen die eigenen religiösen Überzeugungen nicht streitig
machten, hätte ein solcher Anklagepunkt auch kaum interessiert.
Angesichts der nur bei Sklaven und Nichtrömern angewandten
Todesart der Kreuzigung wissen wir, welche Anklage gegen Jesus
vorgebracht wurde: die der politischen Aufruhr, der Gefährdung
des öffentlichen Friedens. Denn nur für diese Anklage war genau
diese Todesart vorgesehen. Sie wurde von den Römern immer wieder eingesetzt. Allein für die zehn Regierungsjahre des Pilatus in
Jerusalem rechnet man mit 7000 Kreuzigungen. Das entspricht
einem Schnitt von zwei pro Tag!

Nein, keine Ausnahme also, der Anblick von Gekreuzigten
außerhalb der Stadtmauer Jerusalems. Und keine Überraschung
angesichts dieser Zahlen, dass sich keine Prozessakten finden lassen über den Prozess Jesu. Vielleicht handelte es sich dabei letzt-
endlich aus römischer Sicht nur um ein »Bagatellverfahren […]
ohne formalen Schuldspruch« (*Märtin* 1989, S. 126), das später
literarisch reich ausgeschmückt wurde. Auch hier mahnt der historische Blick zu nüchterner Zurückhaltung. Wir wissen es nicht.

Die römischen Statthalter residierten in Cäsarea am Meer. Wenn
sie hinaufzogen in das ungefähr 120 Kilometer entfernte Jerusalem,
war der alte Königspalast von Herodes dem Großen ihr Domizil,
direkt gegenüber dem Tempel gelegen. Gerichtssitzungen hielten
sie gern im Freien, direkt vor dem Gebäude ab. Dieses Kulisse
dient also – historisch völlig plausibel – als Hintergrund des bib-

lischen Szenarios. Alle neutestamentlich ausgestalteten Berichte gehen davon aus, dass Jesus zunächst vor die jüdischen Obrigkeit geführt wurde. Die vier Evangelisten sind sich jedoch uneins darüber, von wem genau, wann und mit welchen Details Jesus verhört wurde. Handelte es sich dabei nur um eine Voruntersuchung oder bereits um einen voll ausgestalteten Gerichtsprozess?

Die Expertenmeinungen gehen auseinander. Dass der Hohepriester *Kajaphas* und einer seiner Vorgänger, sein Schwiegervater *Hannas*, zusammen mit dem Hohen Rat für diese Verhöre zuständig waren, wird in allen Evangelien berichtet. Denkbar, dass ihre ureigene Motivation für eine Verurteilung Jesu eher religiöser Natur war, und dass sie den Römern gegenüber einen für diese verständlichen Grund zurechtlegten: Erregung öffentlichen Ärgernisses, Gefahr für den inneren Frieden, die Anklage als »Aufwiegler zur Steuerverweigerung und Prätendenten der Königswürde« (*Demandt* 2012, S. 74). Mit diesem Ansinnen werden sie Jesus vor Pilatus gebracht haben. Wenn es zwei Prozesse gegen Jesus gegeben haben sollte, werden sie völlig verschiedene Anklagepunkte gehabt haben.

Durchaus plausibel erscheint dabei der Versuch von Pontius Pilatus, die Zuständigkeit für den Fall Jesus abzuschieben. Da Jesus aus Galiläa stammte, das nicht zu den Zuständigkeitsgebieten des Pilatus zählte, könnte er ihn an *Herodes Antipas* (20 v. Chr. – 39 n. Chr.) verwiesen haben, wie es – ausschließlich – Lukas erzählt. Jener, ein Sohn des aus den Weihnachtserzählungen bekannten Herodes des Großen, war in dieser Zeit Herrscher von Galiläa und der Provinz Peräa. Während Pontius Pilatus seine Provinzen als römischer Statthalter regierte, setzte Rom in diesen Gebieten also auf ein anderes Regierungsmodell: Man ließ einen örtlichen König seine Amtsgeschäfte in Abhängigkeit führen, so lange erneut der öffentliche Friede garantiert war. Und auch Herodes garantierte eine lange Zeit relativer Stabilität in dieser Region. Geschickt also der versuchte Schachzug des Pilatus: Herodes ist zuständig! Und er befindet sich zur Feier des Pessachfestes gerade wieder einmal in seinem Palast in Jerusalem, wo er eine Art Nebenwohnsitz hatte.

Herodes denkt allerdings nicht daran, das Spiel mitzuspielen: Dein Zuständigkeitsbereich, Pilatus! Dein Problem, Pilatus! Das ist übrigens unabhängig von der Erzählstrategie historisch korrekt: Nach römischem Recht galt das *forum delicti*: Juristisch veranwortlich ist der Zuständige für den Ort des ›Verbrechens‹, nicht – wie im *forum domicilii* – der für den Wohnort des Angeklagten Zuständige.

Raffiniert, wie die literarische Schilderung den Prozess vorbereitet, getrieben von der erzähltechnischen Strategie, den Prozess durch verzögernde Momente zu verlängern. So kann man seine Bedeutung überhöhen, nachdrücklich betonen. Gleich zweimal versucht Pilatus, den Prozess oder wenigstens das Urteil nicht durchführen zu müssen. Das spricht weniger für die Charakterisierung »eines vernünftigen, wenn auch unentschlossenen Richters« (so *Vermes* 2006, S. 143), als für politisch-taktische Klugheit, die freilich am Ende erfolglos bleibt. Da er nun einmal nicht um den Prozess herumkommt (dessen Ergebnis offenbar von vornherein feststeht), will er Jesus dennoch schonen. Es habe den Brauch gegeben, zum Pessachfest jeweils einen Gefangenen freizulassen, berichtet schon das Markusevangelium (vgl. Mk 15,1–15). Das Volk solle wählen, so erzählt es Markus: Jesus oder Barabbas, ein historisch nicht greifbarer Aufrührer und Mörder: Einer könne freikommen! Und ›das Volk‹, so will es der Text, entscheidet zugunsten des Mörders und gegen Jesus: »Kreuzige ihn«!

Ist diese Schilderung, historisch betrachtet, wahrscheinlich? Oder dient sie erzählerisch nicht nur erneut dem literarischen Interesse der Verzögerung und breiten Entfaltung des Prozesses, sondern zudem äußerst geschickt dem Grundinteresse einer Ent-Schuldigung des Pilatus und damit der römischen Weltmacht? Als *privilegium paschale* wird diese spezifische Variante einer »Amnesiebitte« (*Lohfink* 2009, S. 43) bezeichnet, der zufolge ein Gefangener zum Pessachfest freigelassen werden darf. Tatsächlich lässt sich diese Tradition aber nirgendwo nachweisen, gibt es für die Existenz eines solchen Rechtes geschweige denn für dessen Ausübung nicht den geringsten Beleg. Wahrscheinlich gab es diesen Brauch nie. Der Verdacht liegt nahe, dass diese dramaturgisch höchst effektvolle Szene einer ästhetischen Wahrheit verpflichtet ist, nicht einer historischen.

Das gilt auch für einen außergewöhnlichen Einschub im Matthäus-Evangelium. Die namenlos bleibende Frau des Pilatus warnt ihren Mann dort vor einer Verurteilung Jesu. Er sei unschuldig, sie habe »heute seinetwegen im Traum viel gelitten« (Mt 27,19). Erstaunlich: Eine Frau mischt sich in ein Rechtsverfahren ein! Ein Traum wird zum Kriterium ihres Einspruchs. Und nichts als dieser eine Vers ist von ihr überliefert, auch nicht außerhalb der Bibel. Die Funktion ist klar: Erneut wird die Rolle von Pilatus als Verantwortlicher für das Ergebnis des Prozesses relativiert. Er hielt Jesus – bestätigt durch den Einspruch seiner Frau – im Kern für unschuldig, er wollte das Urteil verhindern, so wird insinuiert.

Seine – in nur einem einzigen biblischen Vers profilierte – Frau aber sollte ein beträchtliches Nachleben entfalten. Ein fester legendarischer Name wird mit ihr verbunden, Claudia Procula. Zahlreiche Legenden werden um sie als vermeintliche Christin der ersten Stunde gesponnen. In der griechisch-orthodoxen Tradition wird man sie als Heilige verehren. In der Literatur wird man wieder und wieder ihr Schicksal fantasiereich ausschmücken, am bekanntesten wohl in der Novelle »Die Frau des Pilatus« (1955) von *Gertrud von le Fort.*

Der durchgehende Versuch einer Ent-Schuldigung des Pilatus wird schließlich durch eine weitere Geste deutlich, tief symbolisch, wirkmächtig erzählt nur im Matthäusevangelium. Pilatus lässt sich dem zufolge eine Schale mit Wasser bringen, wäscht sich »vor allen Leuten die Hände« (Mt 27,24) und erklärt sich dazu explizit als unschuldig am Tod dieses Mannes. Bis heute verweist die Redewendung ›seine Hände in Unschuld waschen‹ auf diese Geste.

Die erzählerische Strategie all dieser literarischen Elemente ist leicht durchschaubar. Das Evangelium der froh machenden und Heil bringenden Botschaft Jesu Christi soll die Weltmacht Rom erreichen, Römer bekehren, weltweit wirken. Was läge näher, als die Schuldverstrickung Roms erzählerisch zu verringern? Wie viel leichter fiele Römerinnen und Römern so die Annahme dieser Botschaft! Die tatsächliche Beteiligung des Pontius Pilatus am Tod Jesu lässt sich aus diesem Grund kaum noch erheben. Und unabhängig von allen Entschuldigungsversuchen: Das Diktum des ›Credo‹ bleibt messerscharf – »gelitten unter Pontius Pilatus« ...

Zeitlose Pilatus-Sprüche

Unabhängig von der Rolle, die der römische Statthalter historisch gespielt haben mag: In sein biblisches Profil sind einige bemerkenswerte Züge eingeschrieben, die ihn zu einem überzeitlichen Archetyp, zu einer »paradigmatischen Figur von zeitloser Aktualität« (*Märtin* 1989, S. 11) machen. Als ambivalentes Grundsymbol eigener *Unschuldserklärung* wurde er bereits vorgestellt. Doch drei weitere Motive wandern von Pontius Pilatus aus in die Menschheitskultur.

✳ »Was ist *Wahrheit*?« (Joh 18,38), fragt Pilatus Jesus in einem fiktiv ausgestalteten Verhör. Jesus legt ihm offen, dass er zwar ein König, sein Königtum allerdings »nicht von dieser Welt« (Joh 18,36) sei. Er wolle vielmehr für die Wahrheit Zeugnis ablegen. Nicht Jesus ist freilich der eigentliche Adressat dieser nur im Johannesevangelium überlieferten Frage, sondern die Welt der Lesenden. Eine wahrlich gute Frage: Was ist Wahrheit? Pilatus wird hier zur »Ikone der Aufklärung und zu einem skeptischen Intellektuellen« (*Heiligenthal / von Dobbeler* 2001, S. 31) stilisiert. Er wird zum Kronzeugen des suchenden Menschen, der die Urfrage aller Philosophie stellt. Kein Wunder, dass die Frage unbeantwortet bleibt. Sie stellt sich *uns*. Welche Art von Wahrheit können wir überhaupt erkennen? Und für welche allgemein gültige sowie existenziell wirkmächtige Wahrheit bürgt dieser Jesus von Nazaret?

✳ Da steht Jesus im Bild aller menschlichen Niedrigkeit vor ›dem Volk‹: misshandelt, gefoltert, ausgepeitscht, verhöhnt, angesichts seines Königsanspruchs in einen purpurroten Mantel gekleidet, zum sadistischen Spott mit einem Kranz aus Dornenranken gekrönt. Denn so wird Jesus zu Pilatus zurückgeführt, nach dem Ende der oben geschilderten Szene. Derartige Misshandlungen von zu Kreuzigenden waren durchaus üblich. Auch der bittere Spott. Aber dann wendet sich Pilatus den Zuschauenden – und uns – zu und sagt: »Seht, der Mensch!« (Joh 19,5) In der lateinischen Fassung *ecce homo* wird dieser Ausspruch zu einem Grundmotiv in Malerei und Dichtung. *So* ist der Mensch: ein rechtloses, erniedrigtes, auf seine armselige Körperlichkeit reduziertes Objekt, mit dem man Spott treiben darf, an dem man seinen Sadismus ausleben kann. Umgekehrt kann man fragen: Wo und wie ist *Jesus* ganz und gar *Mensch*? Diese Szene gibt die Antwort: in den tiefsten Niederungen seiner Leiderfahrung. Der Wahrheitssucher Pilatus aber wird zum ernüchterten Zyniker: Mehr lässt sich über das Wesen des Menschen nicht sagen. Hier, im Bild des Gemarterten, liegt für ihn die einzige erkennbare und maßgebliche Wahrheit.

✳ Und noch ein letztes Diktum des Pontius Pilatus überlebt seine Zeit. Was stand auf dem Schild, das oben am Kreuz Jesu befestigt wurde? Ein derartiger *titulus* lässt sich historisch breit bezeugen. Laut Johannesevangelium lautete die Inschrift: »Jesus von Nazaret, der König der Juden« (Joh 19,19). Müsse man das nicht perspektivisch aufbrechen, fragen schon die Hohepriester. Er *sei* doch schließlich nicht der König der Juden, er habe das nur behauptet! Pilatus bleibt stur: »Was ich geschrieben habe, habe ich geschrieben.« (Joh 19,22) Er sieht offensichtlich keinen Anlass, die Worte zu ändern. Ob als Provokation, als Perspektive des Getöteten, als Feststellung: Die Worte bleiben. Pilatus wird so zum Zeugen der *Kraft des geschriebenen Wortes* – vor dem Zeitalter der alles überschreibenden Textverarbeitungsprogramme. Einmal verfasst, entfaltet das Wort seine Wirkung. Nachträgliche Änderungen nehmen ihm zwar die Würde, löschen diese Wirkung jedoch nicht aus.

Georg Heym: Pilatus als vereinsamter Gottesgrübler

Pilatus als der sich selbst als unschuldig Bezeichnende, als der Wahrheitssucher, als der das Wesen Mensch in seiner Niedrigkeit Bloßstellende, als der Zeuge der Kraft von Schrift: Angesichts dieser vielfältigen Ausdeutungspotenziale kann es nur wenig verblüffen, dass sich in Romanen, Theaterstücken und in der Lyrik zahlreiche eigenständige literarische Ausgestaltungen der Pilatus-Figur finden. Wir entscheiden uns für ein Gedicht aus dem Nachlass des früh verstorbenen *Georg Heym* (1887–1912), einem der bedeutendsten Lyriker des Frühexpressionismus. Kurz vor seinem Tod entstand das folgende Gedicht, datiert auf den Dezember 1911 (*Heym* 1966, S. 96):

Pilatus

Ein Lächeln schiefen Grames, das verschwindet
Hinein in seiner Stirne weißes Tor.
Er sitzt auf seinem Stuhl. Seine Hände erhoben
Brechen den Stab und fallen von oben.

Aber wie eine Blume voll grüner Helle
Leuchtet im Dunkel der Höfe der König der Juden,
Und die Stirn, die sie schattig mit Dornen beluden,
Brennt wie ein Stein in fahler Grelle.

Und der Gott steigt hinauf, von den Schultern gehoben
Riesiger Engel. Er singet, ein Schwan,
Leicht und klein fährt er auf, in strahlender Bahn,
und der Vater im Glanze wartet sein droben.

Aber der Richter am blauen Gebirge
Hänget im riesigen Mantel wie faltige Frucht.
Wilder kommt der Abend über die hallenden Öden,
Schweigsame Wasser fallen in grüner Schlucht.

Georg Heym

Das wortgewaltige Vierstrophengedicht baut einen Gegensatz auf zwischen Pilatus auf der einen und Jesus Christus (hier »König der Juden« benannt) auf der anderen Seite. Die ›Pilatus-Strophen‹ eins und vier ummanteln dabei die Kernstrophen zwei und drei über Christus. Der Hauptgegensatz zwischen beiden liegt in der aufgerufenen Dynamik. Die Aussagen über Christus, der programmatisch »der Gott« genannt wird, richten den Blick auf: Er »steigt hinauf« zu Gott, »fährt auf«, wird oben erwartet. Dem gegenüber wird Pilatus mit der gegenläufigen Bewegung charakterisiert: Seine erhobenen Richterhände »fallen von oben« und das Schlussbild greift dieses Moment noch einmal auf: Die schweigsamen Wasser »fallen«, der Zusatz »in grüner Schlucht« verstärkt die Abgründigkeit dieser Bewegung.

Die Spannung zwischen Pilatus und Jesus wird auch durch das Reimschema betont: Während in den ›Pilatus-Strophen‹ jeweils zwei Zeilen ohne Reimpartner bleiben, sind die ›Christus-Strophen‹ in vollendeter Harmonie im umschließenden Reim durchkomponiert. Die Farbmetaphorik verstärkt als drittes Element den Gegensatz: Während Christus als blühende »Blume voll grüner Helle« beschrieben wird, als Leuchtkraft, der »in strahlender Bahn« zum »Glanze« des Vaters auffährt, taucht das abendliche Schlussbild Pilatus in ein schattig-dunkles Blau und Grün.

Pilatus wird durch diese Gegensätze indirekt psychologisch ausgeleuchtet. Der »schiefe Gram«, der sich in seiner Stirn einnistet, wird am Ende noch gesteigert: Der Richtermantel scheint ihm zu groß geworden, er selbst wie faltig zusammengeschrumpft. Und seine Zukunft wird zumindest angedeutet: »wilder« wird sie, einsam (»hallende Öden«), »schweigsam« und abgründig. Pilatus erscheint in diesem pathosgeladenen und symbolüberfrachteten Gedicht also als Verlierer. Christus ist trotz, oder gerade wegen seines Urteils aufgefahren in die göttliche Herrlichkeit. Ihm selbst aber bleibt die kummervolle Einsamkeit. Am Ende steht ein Bild von Pilatus als vereinsamter, verunsicherter, dem Untergang geweihter Gottesgrübler, dessen Eingang in die Menschheitsgeschichte wie ein schlechter Scherz wirkt.

Was also bleibt von Pontius Pilatus jenseits seiner umstrittenen Rolle im Prozess Jesu? *Spirituell* bietet er ein herausforderndes Modell zur Annäherung an Jesus. Wie geht man um mit dem, was ja immer andere über Jesus erzählen? Schuldig sei er, so die Vertreter der jüdischen Obrigkeit; unschuldig, so die Frau des Pilatus. Wie bilden wir uns unsere eigenen Urteile? Wem glauben wir und warum? Wie lesen wir Texte, die stets ihre eigene Strategie und ihr eigenes Interesse verfolgen? Was ist das letztlich, ›Wahrheit‹? Wie unterscheidet sich ein Grundsätzlich-für-richtig-Halten, etwa im Blick auf historische Ereignisse, von einer gewissmachenden Wahrheit, die mich tief im Innersten ergreift, mein Leben erfasst, mein Sein verändert?

Ein weiterer Aspekt: Wann und wie funktioniert eine verlässliche Entschlossenheit, die sich im Ausspruch »was ich geschrieben habe, habe ich geschrieben« niederschlägt? Wo schlägt sie um in Starrsinn und Borniertheit? Schließlich bleibt die Frage, die Pilatus in den Sinn gelegt ist: Was ist der Mensch? Seine Antwort liegt im Verweis auf den Menschen in seiner Elendsgestalt: *ecce homo*. Die Antwort Jesu ist anders: »Was ihr für einen meiner geringsten Brüder getan habt, das habt ihr mir getan« (Mt 25,40). In der von ihm selbst dargestellten und durchlittenen Elendsgestalt offenbart sich der Mensch in aller Klarheit. Aber im Umgang mit diesem Menschen, mit jedem Menschen in seiner Elendsgestalt wird Jesus – umgekehrt betrachtet – selbst noch einmal neu sichtbar. Dort zeigt er sich selbst, dort zeigt sich unsere Menschlichkeit. Darin liegt die von Jesus gepredigte und vorgelebte Umkehrung der Werte. Hierin, genau hier, liegt der Blickwechsel von Pilatus zu Jesus. Das ist die Wahrheit Jesu, die auf ganz anderer Ebene die Wahrheitsfrage des Pilatus beantwortet.

4.
Notlügen

Matthäus 26,34

Petrus als brüderlicher Feigling

Zauderer

trägt der glaube
oder versinkst du
beim ersten
anflug von zweifel

wachst du in der not
oder schläfst du
wenn andere
dich brauchen

verstehst du das wort
oder tauchst du
eigenen wunsch
in fremde gedanken

stehst du treu
oder wankst du
bei wind
und gefahren

gute fragen,
Petrus,
du stellst sie
mir

Jesus hatte Freunde und Begleiter. Er war ganz offensichtlich kein Einzelgänger, sondern ein Mensch, der Gesellschaft um sich brauchte. Kein ›Eigenbrötler‹, der sein Brot allein isst, ohne Gemeinschaft mit anderen. Sondern ein Mensch inmitten von ›Kumpanen‹, sind doch ›Cum-pane‹ im Wortsinn – selbst wenn diese Herleitung etymologisch umstritten sein mag – Menschen, die ihr Brot miteinander teilen. Jesus also, ein Mensch inmitten von anderen. Der sich trotzdem immer wieder das Recht herausnahm, sich zurückzuziehen zu einsamem Gebet und Besinnung. Geselligkeit und Kontemplation, Miteinander und gewollte Einsamkeit – bei Jesus hat beides seinen Platz.

Seine wichtigsten Gefährten sind die ›zwölf Apostel‹, berufen in symbolischer Anknüpfung an die zwölf Söhne des jüdischen Erzvaters Jakobs, der den Würdenamen ›Israel‹ erhielt (vgl. Gen 32,29). Bis heute beziehen sich manche Juden auf die Abkunft aus einem der zwölf Stämme, die sich wiederum auf einen dieser zwölf Jakobssöhne zurückführen. Zwölf Ausgesuchte aus dem viel größeren Kreis der Jüngerinnen und Jünger also. Man darf wohl davon ausgehen, dass diese Auswahl auf Jesus selbst zurückging, auch wenn manche Exegeten der Ansicht sind, es handele sich dabei um eine spätere, nachösterliche Fügung.

»Die Zwölf« (1 Kor 15,5) – in den Schriften des Neuen Testaments tauchen sie eher als Schablonen, als gesichtslose Beistehende auf, denn als eigenständige Charaktere. Die historisch greifbaren Informationen über diese so wichtigen Freunde und Augenzeugen der Ereignisse um Jesus sind schlicht minimal. Die charakterisierende Profilierung der Einzelgestalten ist deshalb mehr das Werk der nachbiblischen Wirkungs- und Frömmigkeitsgeschichte als der Textquellen selbst.

Vor allem drei von ihnen heben sich jedoch tatsächlich von den anderen ab, sind bereits in den Evangelien oder der – doch nach ihnen benannten – Apostelgeschichte profilierte Gestalten mit narrativ ausgekleideter eigenständiger Persönlichkeit. Simon Petrus – der Führer der Gruppe; Johannes – der ›Lieblingsjünger‹; Judas – der ›Verräter‹. Wie schon bei Pontius Pilatus werden wir diesen neutestamentlichen Spiegelfiguren Jesu folgen, um von ihnen ausgehend die Ereignisse um das Leiden, Sterben und die Auferweckung Jesu neu zu betrachten. Beginnen wir bei Simon Petrus, über den es zwar nur innerbiblische zeitnahe Quellen gibt, nur Zeugnisse einer ›intentionalen Geschichtsschreibung‹ also, dessen historische Existenz aber unbezweifelbar erwiesen ist.

Erster der Jünger

Kein anderer der von Jesus berufenen Jünger erhält im Neuen Testament ein derart reiches, voll ausgestaltetes Profil, auch wenn unser Wissen selbst über seinen Lebenslauf und seine Persönlichkeit »lückenhaft« (*Böttrich* 2001, S. 26) bleibt. Von keinem anderen wird so viel, so genau, so umfassend erzählt. Wann immer im Neuen Testament eine Liste der Jünger oder Apostel Jesu genannt wird: Stets steht er an erster Stelle. Er ist das Gesicht, der Sprecher, der Wichtigste dieser Gruppe, daran lassen die Texte keinen Zweifel. Simon, ein einfacher Fischer, geboren in Betsaida an der Nordseite des Sees Gennesaret, lebt mit seinem jüngeren Bruder Andreas an diesem See in Galiläa. Er entstammt der relativ schmalen Mittelschicht und dem griechisch-hellenistischen Judentum. Als Dialektsprecher war er überall als Mann aus dem Norden Israels erkennbar. In der Synagoge von Kafarnaum hat Simon die Schriften, Auslegungen und Traditionen des Judentums kennengelernt. Wahrscheinlich war er zweisprachig, beherrschte also neben der Volkssprache Aramäisch auch die Bildungs- und Handelssprache Griechisch.

Trotzdem: In der Hauptstadt Jerusalem galten die Galiläer als Provinzler, als Menschen mit mangelnder Bildung. Schon die Zuordnung, als Galiläer erkannt zu werden, hatte »einen durchaus abschätzigen Geschmack« (ebd., S. 31). Simon bewohnte im Dorf Kafarnaum mit seiner Großfamilie ein eigenes Haus. Er war und blieb verheiratet. Jesus wird ihn zusammen mit seinem Bruder als Erste seiner Jünger berufen, so wird erzählt (vgl. Mk 1,16–20). Sie folgen ihm nach. Sie lauschen seinen Predigten, bezeugen seine Wundertaten. Die erste Heilung Jesu, so berichtet es Markus, galt dabei der fieberkranken Schwiegermutter des Simon.

Fortan lässt sich die Geschichte Jesu nicht erzählen, ohne stets Simon als seinen Begleiter hinzuzudenken. Sein Haus in Kafarnaum wird zum Zentrum zahlreicher Begegnungen. Die bis heute dort zu besichtigenden Überreste könnten durchaus die Stätte dieses authentischen Petrus-Hauses markieren. Sehr wahrscheinlich wohnte Jesus dort für längere Zeit. Das Haus des Simon war wohl eine Art Standquartier für den Wanderprediger Jesus und seine mit ihm umherziehenden Anhänger. Ständig ist Simon mit Jesus im Austausch. Er identifiziert Jesus früh: »Du bist der Christus« (Mk 8,29). Schließlich verleiht ihm Jesus den Beinamen *Kephas*, *Petrus*, *der Fels*. Vor allem im Matthäusevangelium wird seine Vormachtstellung deutlich herausgestellt. »Auf diesen Felsen werde ich meine Kirche bauen«, hören wir Jesus dort sagen, und dann, in direkter Ansprache: »Ich werde dir die Schlüssel des Himmelreiches geben; was du auf Erden binden wirst, das wird im Himmel gebunden sein, und was du auf Erden lösen wirst, das wird im Himmel gelöst sein.« (Mt 16,18 f.)

Einzigartige Zuschreibungen! Außergewöhnliche Vertrauensaussagen und Machtübertragungen! Kein Wunder, dass die römisch-katholische Kirche bis heute die Legitimierung des als Petrus-Erbe verstandenen Papstamtes auf diese Verse zurückführt. Die evangelische Tradition schließt sich der Einschätzung an, dass Petrus zu Jesu Lebzeiten wie in der Urgemeinde eine überragende Rolle spielte. Daraus einen dauerhaften Leitungsanspruch für seine ›Nachfolger‹ abzuleiten, lehnt sie freilich ab. Die auf ihre Zeit beschränkten biblischen Zeugnisse lassen beide Folgeentwicklungen zu.

Nach dem Tod Jesu wird Petrus zur Zentralfigur der Sammlung der in alle Windrichtungen zerstreuten, geflohenen Anhänger Jesu. Er führt sie wieder zusammen. Und gewiss kein Zufall: Er, Simon Petrus, wird einer ersten Traditionslinie zufolge zu einem der *Erstzeugen der Auferweckung*. Christus »erschien dem Kephas, dann den Zwölf« (1 Kor 15,5), hebt Paulus hervor, für den Petrus der Garant der authentischen Lehre war. Die Apostelgeschichte stilisiert Petrus zum erfolgreichen Missionar, wendet er sich dort doch als einer der Ersten der Heidenmission zu. Ihm werden sogar Wunderheilungen zugeschrieben (vgl. Apg 3,1–10; 9,32–34). Schließlich wird er zum Theologen, zum christologischen Deuter der Auferweckung. Kaum zu bezweifeln, dass Simon Petrus eine der überragenden Persönlichkeiten des jungen Christentums in der Jerusalemer Urgemeinde war. Als die Führer dieser Gemeinde – wohl im Jahr 41 – verfolgt werden, wobei der Apostel, Zebedäus-Sohn und Johannes-Bruder Jakobus sein Leben lässt, wird auch Petrus inhaftiert. Wie durch ein Wunder gelingt ihm die Flucht (vgl. Apg 12). Fortan meidet er Jerusalem. Die Leitung der dortigen Gemeinde geht an andere über, vor allem an den ›Herrenbruder‹ Jakobus. Petrus lebte danach zumindest einige Zeit als Leiter der Gemeinde in Antiochien. Seine dortigen Spuren bleiben jedoch vage und verlieren »sich bereits im Dunkel der Geschichte« (*Böttrich* 2001, S. 188)

Historisch umstritten bleiben so auch die legendarisch breit bezeugte Reise nach Rom und der dortige Märtyrertod, klassisch in die Jahre 65 oder 67 datiert. Sichere Zeugnisse über einen dortigen Petrusaufenthalt finden sich nicht. Rom wird sich freilich schon früh rühmen, Ort des Petrusgrabes zu sein, und von dorther einen Primats-Anspruch über das Christentum postulieren. Möglich, dass dem historische Fakten zugrunde liegen. Erwiesen ist es nicht.

Ein Zauderer ohne Einsicht

Was war die Rolle des Petrus angesichts der Ereignisse um das Leiden und Sterben Jesu? Eines ist sicher: Er stand nicht unter dem Kreuz. Das hätte er freilich auch nicht gekonnt. Erwachsene Männer, die einen (wegen öffentlicher Aufruhr!) zur Kreuzigung Verurteilten auf seinem Todesweg begleitet hätten, wären im Normalfall gleich mitgekreuzigt worden. Störer der Ordnung von potenziellen Störern der Ordnung begleiten zu lassen, war aus nachvollziehbaren Gründen untersagt. Nein, unter dem Kreuz würden sich nur Frauen und ›Jünglinge‹ finden, so wird es erzählt. Historisch plausibel. Matthäus versteckt diese Tatsache in der kleinen Notiz, angefügt an seinen Bericht von der Gefangennahme Jesu: »Da verließen ihn alle Jünger und flohen.« (Mt 26,56) So wird es gewesen sein. Petrus und die übrigen Jünger werden sich versteckt haben, vielleicht geflohen ins heimatliche Galiläa, weit weg von Jerusalem. Wer wollte ihm und ihnen daraus ein Vorwurf machen?

An einem ganz anderen Punkt zieht Simon Petrus Kritik auf sich, auch die der Evangelisten. So sehr er in den Evangelien positiv herausgestellt wird, so sehr bleibt er ein Mensch wie du und ich. Er zweifelt. Er versteht nicht, was Jesus wirklich meint. Sein Glaube an Jesus ist groß, aber angefochten. Sein Bekenntnis zu Jesus ist unbedingt, aber in Momenten der Bedrohung eben doch brüchig. Einige Passagen bereiten seinen für die Passionserzählung zentralen ›Verrat‹ vor.

Im achten Kapitel des Markusevangeliums, Petrus hat Jesus soeben als Messias erkannt und benannt, weist Jesus seine Jünger auf sein kommendes Schicksal hin. Er werde getötet, dann aber nach drei Tagen auferstehen. Eine historisch ziemlich unwahrscheinliche Szene, die der Evangelist wohl erst *nach* Ostern in sein Evangelium hineinkomponierte. Das aber ist für unsere Fragestellung nicht zentral. Wichtiger: Petrus, so wird erzählt, nahm Jesus »beiseite und begann, ihn zurechtzuweisen« (Mk 8,32). Was für eine Konstellation: Petrus, der Anführer der Jüngerschaft, der Fels, auf dem die Kirche erbaut werden soll, versucht Jesus in einem Privatgespräch davon zu überzeugen, dass sein Lebensweg anders zu verlaufen habe!

Drastisch die Reaktion Jesu: »Tritt hinter mich, du Satan! Denn du hast nicht das im Sinn, was Gott will, sondern was die Menschen wollen.« Eine überaus harsche Rückweisung: Petrus ist wie der Satan, der Versucher! Er will Jesus einen anderen Weg bahnen, als den, der ihm bestimmt ist. Er, der Sprecher der Jüngerschar, der Vertraute, der Freund, der Fels, versteht ihn nicht! Keine Spur von Unfehlbarkeit, im Gegenteil! Das Messias-Bekenntnis des Petrus steht direkt neben seinem Messias-Missverständnis. Beides prägt sein Profil.

Kaum erstaunlich, dass Petrus laut Johannesevangelium (vgl. Joh 13,1–20) eine weitere Grundgeste Jesu missversteht. Beim Abschiedsmahl macht Jesus sich auf, seinen Jüngern die Füße zu waschen: ein typischer Dienst der Niedrigsten des Sozialsystems, der Sklaven. Petrus weist das entgeistert zurück: »Niemals sollst *du mir* die Füße waschen!« Aber Jesus erklärt ihm, dass diese Geste ihn, Jesus, ganz und gar mit ihm, Petrus, verbinde. Darauf Petrus, erneut missverstehend: Dann möge er doch bitte »auch die Hände und das Haupt« waschen. Was angesichts der Symbolkraft jedoch völlig unnötig ist. Auch hier: Gleich mehrfach versteht ausgerechnet Simon Petrus Jesus nicht. Obwohl er diesen Jesus so gut kennt wie kaum ein anderer, obwohl Jesus ihm umgekehrt die Leitung der Jüngergruppe anvertraut, reden sie oft genug aneinander vorbei. Welche andere Schlussfolgerung soll man ziehen: Wenn die Kirche sich schon auf diesen Simon Petrus bezieht, dann doch bitte in seiner ganzen urmenschlichen Ambivalenz!

Eine weitere Szene – rätselhaft, geheimnisvoll, symbolüberladen, wie eine Traumvision – zeigt diese *Doppelgesichtigkeit des Simon Petrus*, die ihn so nahbar, so menschlich macht und ihn allen Versuchen der überhöhten Stilisierung entzieht. Ausgerechnet Matthäus, der Petrus ja in seiner Stellvertreterfunktion so stark in den Vordergrund rückt, erzählt eine Szene, die sich in allgemeiner Version bei Markus und Johannes auch findet, dort freilich ohne die explizite Petrus-Episode. Die Szenerie: der See Gennesaret. Eben noch befanden sich Jesus und seine Anhänger in großer Gesellschaft – fünftausend Menschen wurden gespeist. Nun zieht es Jesus in die Einsamkeit. Seine Jünger schickt er voraus auf die Heimfahrt ans heimatliche Ufer.

Das Boot aber kommt nicht vom Fleck. Hin und her geworfen wird es von den Wellen und den am See Gennesaret bis heute häufig auftauchenden widrigen Winden. Dann die unfassbare Wendung: Jesus – so heißt es – kommt ihnen über das Wasser entgegen. Sie aber erkennen ihn nicht, halten ihn für ein Gespenst, schreien auf vor Angst. Jesus, nah genug, um sein Wort zu verste-

hen, beruhigt sie: »Habt Vertrauen, ich bin es; fürchtet euch nicht.«
(Mt 14,27) Umsonst, die Jünger zweifeln. Sie erkennen ihn nicht –
ein untrüglicher Hinweis darauf, dass es sich hier kaum um die
Schilderung eines realen Geschehens handelt. Petrus, ihr Sprecher,
ergreift das Wort und sagt: »Herr, wenn du es bist, so befiehl, dass
ich auf dem Wasser zu dir komme.« (Mt 14,28) Von Jesus ermuntert
steigt Petrus aus dem Boot und geht über das Wasser auf Jesus zu.

Es funktioniert tatsächlich! Er schreitet über die tosenden Wellen! Bis er sich erschrocken umschaut, Wasser und Wind wahr-
nimmt und aus nur zu verständlichen Gründen Angst bekommt.
Sofort beginnt er ins Wasser einzusinken und unterzugehen. Sein
Schrei: »Herr, rette mich!« (Mt 14,30). In aller Angst bleibt doch
das Vertrauen auf die Macht Jesu. Und richtig: Jesus streckt die
Hand aus, ergreift und rettet ihn. Sie steigen gemeinsam in das
Boot, der Sturm legt sich und alle Beteiligten und Zeugen bekennen, dass diese Ereignisse nur von Gottes Sohn bewirkt worden
sein konnten.

Nein, kein historisches Protokoll liegt hier vor, sondern eine
wunderbare und tief symbolische Geschichte um die Macht des
Vertrauens, die zerstörerische Kraft des Zweifels, die Ermutigung
zum Glauben. Die geradezu klassischen Elemente (der Rahmen,
Jesu Gang über die Wellen, das Nichterkennen, die Vertrauensaussage, der Zweifel, die Rettung) weisen allzu deutlich auf die – einem vorgegebenen Erzählschema folgenden – Schritte einer vorge-
formten Rettungswundererzählung. Entscheidende Pointe: Petrus,
der tapfere Sprecher der Jünger, der mutig auf das Wunderbare
Vertrauende, der plötzlich zaudernd Ängstliche, der letztlich Hand

in Hand mit Jesus das Boot Besteigende, bekommt seinen Tadel ab: »Du Kleingläubiger, warum hast du gezweifelt?« (Mt 14,31)

Das also wissen wir schon von diesem Simon Petrus, bei all seiner Bedeutung, Macht und Jesusnähe: Nein, selbst er versteht seinen Freund letztlich nicht. Selbst er ist sich unklar, wohin der Weg Jesus führen wird. Und welche Bedeutung das haben wird. Selbst er, der Sprecher und Vertraute, kennt das: Zweifel, Ängste, Ungewissheiten, Anfragen, Momente der Schwachheit. Ein Vorbild ist er gewiss, dieser Petrus, aber gerade *in* seiner Ambivalenz, in seinen Stärken und Schwächen. Wie also wird er reagieren, wenn Jesus tatsächlich den Weg in den Tod gehen muss?

Ein Verräter aus Schwachheit

Alle vier Evangelisten erzählen diese Szene, wenn auch mit leichten Variationen. Sie liest sich wie die »Chronik einer angekündigten Verleugnung« (*Böttrich* 2001, S. 111). Folgen wir der ersten Version, der des Markus. Erneut steht Petrus in all seiner Doppelgesichtigkeit im Mittelpunkt. Nach dem letzten Abendmahl, so der Erzählfaden, zieht Jesus mit den Jüngern hinaus aus den Stadtmauern Jerusalems auf den Ölberg. Alle werden an ihm Anstoß nehmen, kündigt Jesus seinen erschrockenen Freunden und Anhängern an, alle. Darauf Petrus mit Inbrunst: »Ich nicht« (Mk 14,29)! Und wieder einmal weist ihn Jesus zurecht, dieses Mal mit einer vorausschauenden Prophezeiung: »Heute, in dieser Nacht, ehe der Hahn zweimal kräht, wirst du mich dreimal verleugnen.« (Mk 14,30)

Verständlich, dass Petrus diese Perspektive vehement zurückweist. Nur wir Lesenden ahnen bereits, dass Jesus recht behalten wird.

Zum stillen Angstgebet im Garten Getsemani nimmt Jesus nur drei Jünger mit. An erster Stelle natürlich genannt: Petrus, daneben Jakobus und Johannes. Doch wo Jesus zutiefst erschüttert mit Gott um sein Leben ringt, selbst um Verschonung bittet – schlafen die Jünger, obwohl Jesus sie gebeten hatte, mit ihm zu wachen. Gleich dreimal trifft Jesus sie schlafend an. Petrus, der Sprecher, muss den Tadel hinnehmen: »Simon, du schläfst? Konntest du nicht einmal eine Stunde wachbleiben?« (Mk 14,37)

Dann wird Jesus gefangen genommen. Dem Johannesevangelium zufolge – nur ihm! – wehrt sich Petrus mit Waffengewalt gegen die Verhaftung Jesu, schlägt einem Diener des Hohepriesters sogar das rechte Ohr ab (vgl. Joh 18,10). Jesus weist seinen Freund in die Schranken und mahnt ihn, nicht zur Gewalt zu greifen. In der Version des Markus (vgl. Mk 14,47) wird eine ähnliche Geschichte erzählt, doch bleibt dort der zur Waffe Greifende namenlos. Die Gewalteruption Petrus zuzuschreiben, überzeugt tatsächlich nicht. Passt sie zu seinem Charakterbild? Wäre ausgerechnet er unerkannt und unverfolgt geblieben? Hätte man ihn nicht sofort, gewiss aber später verhaftet und seinerseits verurteilt? Wir setzen hier weiter auf die Version des Markusevangeliums.

Machtlos folgt Petrus den – Jesus mitschleppenden – Bewaffneten in den Hof des hohepriesterlichen Palastes. Es ist kalt. Er setzt sich zu den Dienern an ein wärmendes Feuer. Da tritt eine Magd hinzu, die ihn zu erkennen glaubt: »Auch du warst mit diesem Jesus aus Nazaret zusammen.« (Mk 14,67) Jetzt wird es gefährlich, das ist Petrus sofort klar. Wenn er zugibt, ein Anhänger Jesu zu sein, wird er womöglich sofort ebenfalls gefangen genommen. Wird auch ihm der Prozess gemacht. Droht auch ihm die Todesstrafe. Nur zu verständlich, dass er behauptet, nicht zu verstehen, wovon diese Magd redet. Er erhebt sich und geht hinaus. Abermals erhebt sie ihre Beschuldigung, wieder leugnet er. Dem in Volkserzählungen weltweit verbreiteten narrativen Prinzip der dreifachen Wiederholung mit impliziter Steigerung gemäß ergreifen nun die, die »dabeistanden« (Mk 14,69), das Wort, um ihn erneut als Jesusanhänger zu beschimpfen. Wohl an seiner Sprache identifizieren sie ihn als Galiläer, ein weiteres Indiz! Vehement weist Petrus alles von sich, flucht und schwört: »Ich kenne diesen Menschen nicht, von dem ihr redet.« (Mk 14,71)

Jesu Prophezeiung hat sich erfüllt. Die Treue-Beteuerungen des Simon Petrus hielten der Überprüfung nicht stand. Wie zur Bestätigung kräht der Hahn zum zweiten Mal, und Petrus erinnert sich an die Worte Jesu. Weinend, verzweifelt erkennt er deren Bedeutung und sein eigenes Scheitern. Der Sprecher der Jünger und Apostel: ein Verräter am eigenen Anspruch, ein Verräter jenes Menschen, der ihm lieber war als sein eigenes Leben. Und schlimmer noch: Aufmerksame Lesende werden sich an ein Diktum Jesu erinnern, das der Evangelist Markus unmittelbar hinter die Rückweisung des Simon Petrus als satanischen Versucher platziert hat: »Wenn einer hinter mir hergehen will, verleugne er sich selbst, nehme mein Kreuz auf sich und folge mir nach. Denn wer sein Leben retten will, wird es verlieren; wer aber sein Leben um meinetwillen [...] verliert, wird es retten.« (Mk 8,34 f.) Genau das aber hat Petrus nun getan: Er hat Jesus verleumdet, um sein eigenes Leben zu retten. Er hat eben *nicht* das ihm zugedachte Kreuz auf sich genommen und ist Jesus *nicht* gefolgt. Eigentlich müsste er nun verloren sein …

Petrus, der Erste aller Jünger; der Sprecher; der, auf den Jesus seine Kirche bauen will; der Gründervater einer Erbfolge, die sich unfehlbar nennen wird: wie menschlich ist er gezeichnet. Und wie wird er erst so, in aller Sperrigkeit, sympathisch und vorbildhaft. Denn tatsächlich: Das von Jesu indirekt vorhergesagte Schicksal bleibt ihm erspart. Nach dem Tod Jesu bleibt er wie selbstverständlich der Sprecher der Jünger. Mit ihm werden erste Berichte von der Begegnung mit dem Auferweckten verbunden: »Der Herr ist wirklich auferstanden und ist dem Simon erschienen« (Lk 24,34), heißt es bei Lukas. Er ruft die nach Galiläa geflohenen Jüngerinnen und Jünger wieder zurück nach Jerusalem. Er gehört zu den Leitern der Jerusalemer Urgemeinde. Er predigt zum pfingstlichen Aufbruch (Apg 2,14 ff.). Er verteidigt den Christus-Glauben unerschrocken und todesmutig vor dem Hohen Rat (Apg 5,29). Er begeistert viele Juden für die neue Botschaft. Er plädiert für eine Öffnung der christlichen Botschaft zu den Heiden, führt einer Tradition der Apostelgeschichte gemäß auch selbst die erste Taufe eines Nichtjuden durch (vgl. Apg 8,26 ff.).

Die ganze Christentumsgeschichte wird sich immer stärker auf ihn als Garanten der Verlässlichkeit der Botschaft beziehen. Bis heute. Und das ist gut so. Wenn man denn die so eindeutig miterzählten Gegenzüge nicht unterschlägt und die dort implizit angelegten Konsequenzen nicht ausblendet. Simon Petrus: ein Zweifler, ein Zauderer, ein Nichtversteher, ein Verräter aus Schwachheit. Gerade so wird er ›einer von uns‹.

Rudolf Otto Wiemer: Erinnerungsspiralen

Betrachten wir zur Verdeutlichung einen theopoetischen Text (*Wiemer* 1963, S. 72), der 1963 erstmals erschien. Sein Verfasser, der Lehrer und Puppenspieler *Rudolf Otto Wiemer* (1905–1998) hat sich als evangelischer Kinderbuchautor, Verfasser von Kurzgeschichten, Erzählungen und von direkt für den katechetischen Gebrauch verfassten Prosatexten einen Namen gemacht. Viele seiner Werke sind bis heute Klassiker im praktischen Einsatz von Texten, die nicht ›hohe Literatur‹ sein wollen, gleichwohl aber einen verdichteten Zugang zur Wirklichkeit des Glaubens ermöglichen. Petrus selbst wird zum imaginierten Sprecher des folgenden Gedichts:

Der Hahn

Verdammter Hahn. Jede Nacht
hör ich ihn krähn und schmecke
den Rauch des Wachtfeuers
auf der Zunge.

Und höre die pockennarbige Magd,
die mit den Haarzotteln:
Warst du nicht bei ihm? Und höre mich
sagen: Nein.

Und seh bei der Glut die Soldknechte
würfeln. Und sehe die Hände, die
mich befreiten,
gefesselt.

Und spüre den Blick beim Qualm der Fackel,
das blutige Auge, das mich sucht. Und
wende mich ab und sage: Ich
bin's nicht.

Verdammter Hahn. Jede Nacht
schneide ich ihm den Hals ab. Doch
das Vieh kräht, kräht. Kräht
unterm Messer.

Rudolf Otto Wiemer

Mit psychologischem Tiefblick ruft das Gedicht die biblische
Szene in Erinnerung. Allnachts, so erschließt es sich, muss Petrus
an diese eine Nacht des Verrats zurückdenken. Der Hahnenschrei
wird zum Symbol des eigenen Versagens. Grundsätzlich symbolisiert der Hahn hier »so etwas wie die entscheidende Wende, die
tiefste Erschütterung und den ehrlichen Neubeginn gleichermaßen« (*Böttrich* 2001, S. 10). Sinnlich bestimmte Facetten stimulie-
ren die Erinnerungen des Petrus: den Klang des Weckrufs, den
Geschmack des Feuers, die Worte der Magd, deren Äußeres als
phantasievolle Erweiterung der Erzählung Plastizität verleihen.
Schmecken, hören, sehen, spüren – diese Verben der sinnlichen
Wahrnehmung strukturieren die ersten vier Versgruppen.

In der dritten Versgruppe werden die Hände zum Fokus des Vergleichs: hier die würfelnden Hände der Soldaten, dort die Erinnerung an die Hände Jesu, die ihn, Petrus, im übertragenen Sinne befreiten. Von den Händen Jesu ist es nur ein kleiner Schritt bis hin zur Imagination seiner – blutigen – Augen. Nein, ein direkter Blickkontakt fand nicht statt an diesem Lagerfeuer im Hof des Hohepriesters. Und doch spürt Petrus, wie ihn das Auge Jesu durch all die Mauern und Dunkelheiten hindurch sucht. Von ihm selbst wendete er sich ab, direkt, unmittelbar – so fügt es die Erinnerung zusammen.

Im Schlussbild wird zunächst die direkte Verfluchung des Hahns aufgegriffen, mit welcher bereits die erste Strophe einsetzte. Die Nächte sind nicht nur geprägt von Erinnerung, sondern auch vom Wunsch, aus der Wiederholungsspirale der Erinnerungsqual aussteigen zu können. Die Zeit zurückdrehen und anders handeln zu können. Dem Hahn den Hals abzuschneiden, dass er nicht mehr krähen könnte. Umsonst. Kein Entkommen. Der Hahn kräht und kräht …

Was bleibt von dem Blick auf Simon Petrus im Rahmen der Passionserzählungen? Heutige Lesende mag es beruhigen zu erfahren, dass schon zu Jesu Lebzeiten vieles rätselhaft blieb. Nicht einmal der engste Vertraute hat Jesus in allen Gedanken verstanden. Das lässt Raum auch für heutige Unklarheiten und Rätsel. Es kann uns trösten, dass selbst der beste Freund manchmal brüsk zurückgewiesen wurde. So sehr man sich als Glaubender manchmal in seinen Überzeugungen ganz und gar geborgen fühlt: Auch die Gegenerfahrungen sind Teil der Geschichte von Anfang an.

Und schließlich: Auch wenn man eigentlich versagt hat, gegen alles verstoßen hat, was grundsätzlich Beziehung und Vertrauen prägt – es muss nicht das letzte Wort sein. Jenseits des Versagens kann es neue Wege des Vertrauens und Gelingens geben. Wie bei Petrus. Er wird zum geerdeten Vorbild gerade durch seine Ambivalenz. Stärke und Schwäche, Erwählung und Zurückweisung, Vertrauen und Enttäuschung, Treue und Verrat – in Petrus verbinden sich die beiden Pole zu einem Charakter. Das macht ihn glaubwürdig. Das entbindet ihn von allen falsch verstandenen Ansprüchen auf jedwelche Form von Unfehlbarkeit. Das gibt ihm Menschlichkeit. Darin bleibt er eine überzeitliche Leitfigur des ›Dennoch‹.

5.

Freundesverrat

Matthäus 26,15

Suchspuren im Spiegelbild
von Judas

Verrat

verrate mir dein geheimnis
verräter

aus geldgier
und selbstsucht?

enttäuscht
von der sanftmut?

bereit
zur gewalt?

als zwang
sich zu zeigen?

aus freundschaft
ein dienst?

verbunden
im kuss?

verrate mir dein geheimnis
verräter

Pilatus – der Gegenspieler; Petrus – der Gefährte. Die dritte hier
näher zu betrachtende Person vereint mehrere Charakterisierungen

in sich: rätselhaft, widersprüchlich, frag-würdig. Denn Judas ist beides: ein Verräter und Gegenspieler Jesu, aber *auch* sein Freund, Vertrauter und Begleiter. Und seine Rolle ist für die Dramaturgie der Passionserzählung unerlässlich: ohne Verräter kein Prozess; ohne Überlieferer keine Überlieferung. Aber dabei bleiben viele Fragen offen. *Walter Jens* (1923–2013) lässt sein brillantes episches Gedankenspiel »Der Fall Judas« (1975) mit den Worten enden: »In Jerusalem hingen *zwei* Männer am Holz. Es gab *zwei* Opfer. Blutacker und Schädelstätte gehören zusammen. Der Fall Judas steht […] zur Neuentscheidung an. Die Akten sind offen.« (*Jens* 1975, S. 95)

Verwirrung um Judas

Kein Jesusroman kommt aus ohne eine Porträtierung des *Isch Qerijot*, des *Mannes aus Kerijot* und damit des einzigen Apostels aus Judäa, nicht aus Galiläa – so die wahrscheinliche, aber keineswegs sichere Deutung des Zusatznamens Iskariot. Ein Fremder unter Landsleuten aus Galiläa, schon das macht ihn zum Außenseiter. Aber dabei bleibt es nicht: Sein Name ist zum Pseudonym geworden für den ›Verräter‹ per se, für einen geldgierigen, gewissenlosen Charakter, der bereit ist, für Geld alles zu tun. Dass ein ›Judas‹ für Verrat steht, dass ein ›Judaslohn‹ als Bezeichnung für gewissenlose Bezahlung für einen Verrat gilt, dass der ›Judaskuss‹ zum Inbegriff für Falschheit und Heuchelei wurde – all diese Motive sind in sämtliche abendländische Sprachen eingewandert.

Dabei bleibt seine Rolle in den Schriften des Neuen Testaments unklar und uneindeutig. Einig sind sich die Evangelisten darin, dass er einer der zwölf Apostel Jesu war, von ihm selbst berufen, einer seiner engsten Gefährten und Wegbegleiter. Lange Zeit schlicht ein Jünger unter Jüngern, ein Apostel unter anderen Aposteln. Jesus übergab ihm laut Johannesevangelium (vgl. Joh 12,6) sogar die Verantwortung für das Geld der Gruppe – ein hoher Vertrauensbeweis! Der ein ganzes Bündel von Fragen aufwirft: Hatte Jesus eine so schlechte Menschenkenntnis? Und wie passt das zusammen: Mehrfach weist Jesus voller Vorauswissen darauf hin, dass ihn einer seiner Freunde verraten wird, gleichzeitig denkt er aber gar nicht daran, diesen Verrat zu verhindern. Lässt er Judas sehenden Auges in sein tragisches Schicksal laufen?

Einig sind sich die Evangelien weiterhin darin, dass ausgerechnet dieser enge Vertraute Jesus nach Verhandlungen mit dem Hohen Rat ›verriet‹, nachdem Jesus ihm beim letzten Abendmahl als Verräter angesprochen hatte. Er gilt unisono als aktiver Initiator der Passionsgeschehnisse. Aber *was* verriet Judas? Den Aufenthaltsort Jesu – aber der wird doch bekannt gewesen sein bei einem, der stets öffentlich predigte und sich grundsätzlich nicht versteckt hielt? Noch rätselhafter: *Warum* beging Judas seinen wie immer gearteten ›Verrat‹? Weil er den Glauben an Jesus als den Messias verloren hatte (Mt 26)? Oder weil er immer schon ungläubig gewesen war und nun seine wahre Natur zum Vorschein kam – wie es das Johannesevangelium voraussetzt (Joh 6,67–72), das mit Judas besonders hart umgeht? Nur hier wird Judas – für die Wirkungsgeschichte so zentral – als habsüchtig-geldgieriger Wucherer gezeichnet.

Und ein letzter offener Punkt: *Wie starb Judas?* Erhängte er sich von Gewissensqualen zermartert, wie es der Evangelist Matthäus schildert (vgl. Mt 27,5), oder stürzte er zu Boden und sein Leib barst auseinander, wie es die lukanische Apostelgeschichte beschreibt (vgl. Apg 1,18)? Fragen über Fragen, die diese Figur zum *bleibenden Rätsel* und damit zur schriftstellerischen wie theologischen Herausforderung machen, gerade weil im Blick auf das Schicksal des Judas auch das ureigene Schicksal Jesu frag-würdig werden kann.

Von Anfang an fügen die Evangelien in den Jüngerlisten bei Judas – nur bei ihm! – einen Zusatz an: »der ihn dann ausgeliefert hat« (Mk 3,19). Aktiv eingreifen wird er in die Erzähllogik freilich erst, nachdem die Vertreter der jüdischen Oberschicht den Plan gefasst haben, Jesus zu töten. Nun wendet sich Judas an die Hohenpriester, verspricht ihnen, »Jesus an sie auszuliefern« (Mk 14,10), wofür sie ihm eine finanzielle Entlohnung in Aussicht stellen. Matthäus und Lukas übernehmen die Szenerie, gestalten sie aber weiter aus.

Matthäus zufolge verlangt Judas aktiv einen Lohn und sie geben ihm *dreißig Silberstücke* (Mt 26,15). Ein konkreter, realer Betrag? Was ändert sich an dieser Angabe, wenn man weiß, dass dreißig Silberstücke in jüdischer Tradition als symbolischer Preis für Verachtung gelten? In Ex 21,32 wird genau dieser Betrag als Ersatzgeld angegeben, wenn ein Sklave in Ausübung seiner Tätigkeit durch Schuld eines anderen umkommt. Im Prophetenbuch Sacharja wird die Linie weitergeführt, symbolisieren die dreißig Silberstücke hier doch den verächtlich gewährten Lohn für geleistete Prophetendienste. Doch der Prophet erkennt die Geringschätzung und wirft sie dem Tempel als Geldopfer hin. (vgl. Sach 11,12 ff.) Der Gedanke liegt nahe, dass Matthäus diese Tradition erzählerisch aufgreift, um Judas zu charakterisieren. Ein Lohn, der Verachtung ausdrückt!

Lukas kennt diese spezifisch jüdische Tradition nicht. Seine Erklärung für das Verhalten des Judas: »Da fuhr der Satan in Judas« (Lk 22,3). Vor allem Johannes wird diese Tradition aufnehmen und bestärken: »Einer von euch«, so lässt er Jesus sagen, ist »ein Teufel« (Joh 6,70) – Judas Iskariot!

Weder Jesus noch die übrigen Jünger scheinen sich jedoch daran zu stören, dass Judas am letzten Abendmahl teilnimmt. Alle Evangelien erzählen davon. Und erneut kündigt Jesus den Verrat an, ohne dass ein Zweifel bleiben könnte, wer der Verräter sei: »Bin ich es etwa, Rabbi«, lässt Matthäus Judas fragen – scheinheilig, noch unentschlossen, heuchlerisch? – und Jesus antwortet: »Du sagst es!« (Mt 26,25) Noch drastischer schildert Johannes diese Szene. Wer sei der angekündigte Verräter? »Der ist es, dem ich den Bissen Brot, den ich eintauche, geben werde« (Joh 13,26), so Jesus. Und dann reicht er es vor aller Augen dem Judas! Und ermuntert ihn auch noch: »Was du tun willst, das tue bald!« (Joh 13,27)

Erstaunlich, unbegreiflich: Niemand hindert Judas an der Ausübung seines Plans, weder Jesus selbst, der Judas laut Johannesevangelium sogar noch ermutigt, noch die anderen. Das ist in höchstem Maße unplausibel! Das spricht dafür, dass diese Szenen *im Nachhinein* stilisierend erzählt wurden. Psalm 41,10 etwa gibt ein Motiv vor, das für den Evangelisten stilbildend wurde. Dort beklagt sich der Beter: »Auch mein Freund, dem ich vertraute, der mein Brot aß, hat gegen mich geprahlt.« Hat der Evangelist Johannes von dort aus seine Szene fantasievoll ausgestaltet? Wahrscheinlich ist doch: Im Nachhinein versuchte man mithilfe des ›Verrats‹ die Verhaftung Jesu zu erklären. Und was liegt erzählerisch näher als die Stilisierung eines Sündenbocks? Was dieser Szene historisch zugrunde liegt, bleibt für immer unklar.

Die Rätsel gehen weiter: Wie verrät Judas seinen Meister und Freund? Mit einem Kuss! Und er nennt ihn dabei »Rabbi«! (Mk 14,45) Ist das der Gipfelpunkt der Verstellung? Perfider Sarkasmus? Oder eben ehrliche Ehrfurcht? Vollzug eines Plans, den mit Jesus *und* Judas die beiden Hauptbeteiligten kennen? Jesus lässt es ja zu, so identifiziert und begrüßt zu werden. Keine Spur von Abwehr oder Zurückweichen! Diese Schilderungen sind von innen her rätselhaft, nicht erst durch kritische Nachfragen aus heutiger Perspektive.

Überdeutlich werden die nicht harmonisierbaren Spannungen in der Darstellung von Judas' Ende. Matthäus widmet ihm einen eigenen Erzählzug. Judas bereut seine Tat, heißt es. Zu spät habe er erkannt, dass Jesus ›unschuldig‹ sei. Nun bringt er den Verachtung ausdrückenden Geldbetrag der dreißig Silberlinge zurück. Als man diesen nicht annehmen will, wirft er ihn (wie das Textvorbild Sacharja) in den Tempel. Was aber soll man tun mit diesem unreinen Geld? Man kauft damit einen Acker als Begräbnisplatz für Fremde, ›Blutacker‹ genannt. Und Judas selbst? – »erhängte sich« (Mt 27,5). Judas endet am selbst gemachten Galgen, geplagt von Verzweiflung und Schuldgefühlen.

Auch die Apostelgeschichte greift die Tradition des ›Blutackers‹ auf. Die um diesen herum erzählte Geschichte ist aber anders und nicht harmonisierbar mit der Version von Matthäus. Judas selbst kaufte sich vom – hier betraglos bleibenden – Überlieferungslohn dieses Grundstück. Was aber ereignete sich dort: Ein Unfall? Ein Gottesgericht? Erwirkt durch satanische Kraft? Er stürzte »vornüber zu Boden, sein Leib barst auseinander und alle Eingeweide quollen hervor« (Apg 1,18). Dieser Tod lässt sich kaum natürlich erklären. Das wird hier auch nicht intendiert. In welcher Geistesverfassung Judas starb, bleibt hier unerzählt.

Judas-Motive

Die Bibel bietet also ein uneinheitliches Judas-Bild. Verschiedene Strömungen werden mit ihm in Zusammenhang gebracht, unterschiedliche Motive mit ihm verbunden. Zum Stereotyp geronnen sind in der Wirkungsgeschichte vor allem fünf Ausdeutungsströme rund um ›den Verräter‹.

✳ Erstens: Judas fungiert als Archetyp für ›den Juden‹ allgemein – eine schlimme antijüdische Sündenbockprojektion. All die auf die biblische Figur projizierten Negativstereotype gelten dem von ihm vertretenen Volk.

✳ Zweitens und in enger Verbindung damit: Judas wird zum Urbild des gierigen Geldschefflers und Veruntreuers. Er »veruntreute die Einkünfte« und war schlicht »ein Dieb« (Joh 12,6), so die vernichtende Charakterisierung im Johannesevangelium (und nur hier!).

✳ Drittens: Judas wird als Zelot gezeichnet. Sein Name wird dann hergeleitet von den Sikariern, den rebellischen jüdischen

Dolchträgern. So erscheint er als letztlich enttäuschter politischer Freiheitskämpfer, der von Jesus die Errichtung eines
irdischen Herrschaftsreiches Israel erwartete und ihn verriet,
als er sah, dass Jesus etwas ganz anderes im Sinn hatte.

✳ Viertens: Judas war bis in den Tod ein treuer Anhänger Jesu.
Mit dem Verrat als letztem Mittel wollte Judas den unentschlossenen, zaudernden Jesus dazu zwingen, sich schlussend-
lich doch als – irdisches Heil bringenden – Messias zu offen-
baren. Ein Plan, der furchtbar scheiterte.

✳ Und schließlich fünftens: Judas war kein Verräter, sondern,
wie es das griechisch verwendete Verb *paradidomi* nahe legt,
ein Überlieferer. Er wusste um das Geschick Jesu. Er spielte
seine Rolle bewusst, im Wissen darum, dass es den Überlieferer
braucht. Sein Kuss ist dann nicht Geste des Verrats, sondern
Symbol tiefer Verbundenheit bis in den Tod.

Diese Charakterisierungen und »modernen Mutmaßungen« (*Vermes* 2006, S. 64) beflügeln die Fantasie. Ungezählte Gedichte, Romane, Dramen, Musicals und Essays spielen diese Gedanken immer wieder durch. Keine Spiegelfigur des Geschehens um Passion
und Auferweckung wird häufiger aufgerufen. Gleich mehrere Stu-
dien und Anthologien (vgl. *Dieckmann* 1991; *Krieg / Zanger-Derron*
1996) erschließen diese Zugänge. Fast alle modernen Judasbearbei-
tungen in der Literatur stimmen daher in einer Tendenz überein:
Der Fall Judas bedarf der Revision, und am Ende dieser Revision
kann nur ein Urteil stehen, wie verschieden es auch im Einzelfall
begründet sein mag: *Freispruch für Judas*.

Wenn aber Judas freigesprochen wird, müssen auch Jesus und

seine Heilsbedeutung für die Menschheit noch einmal in neuem Licht betrachtet werden. Walter Jens bündelt seine lebenslange Beschäftigung mit Judas 1989 in einem sechzehnseitigen Monolog, den er dem Judas direkt in den Mund legte: »›Ich, ein Jud‹ – Verteidigungsrede des Judas Ischariot«. Judas selbst übernimmt hier seine imaginäre Verteidigungsrede gegen alle falschen Anschuldigungen, die sich im Laufe der Geschichte gegen ihn angehäuft haben. Doch Jesus – so Jens – wusste es anders: »Er wusste, dass ich einverstanden war. Einverstanden: zu tun, was getan werden musste, weil es Gottes Wille war. Ich wusste, dass es eines Menschen bedurfte, um Jesus zu überliefern. […] Wir waren Vertraute, wir hatten das gleiche Geheimnis. […] Verrat sagt ihr? Ich nenn' es Gehorsam« (*Jens* 1994, S. 31 f.).

Peter Maiwald: Der Rest ist Legende

Eine andere Sicht auf Judas liefert ein 1984 veröffentlichtes Gedicht (*Maiwald* 1984, S. 85) von *Peter Maiwald* (1946–2008). Maiwald, Kommunist und Schriftsteller, greift nur selten zu biblischen Stoffen. Seine *relecture* bleibt lakonisch und bitter. Hier spricht Judas selbst als lyrisches Ich in aller Knappheit und Kürze. Sein Rückblick, seine Entschuldigung? Er liefert gleich zwei verschiedene Versionen zur Erhellung der Rolle seiner Person im Prozess Jesu. Judas, der Geldgierige, und Judas, der politische Eiferer – sie werden hier nebeneinandergestellt, um letztlich die Fraglichkeit all der klassischen Lesarten und Stereotype aufscheinen zu lassen:

Judas-Versionen

1

Ich geb zu: ich war's.
Der Rest ist Legende. Die Silberlinge
warf ich in keinen Tempel, sondern
für einen überbezahlten Acker
in die Hände eines Wucherers.
Der mir zugesagte Strick
war meinem Ochsen angemessener
und die Geschichte meines Verrats
gab ich zum Besten den Zeitungen.
Die druckten, was überkam: das Papier
vergötzt den Fluch der bösen Tat.

2

Verräter nennen sie mich, weil
ich sah, dass die Sache schiefging
(Von wegen: halt die andre Wange hin),
Ihn zu reizen, zurückzuschlagen
verriet ich ihn einzig
Petrus verstand meine Botschaft:
das abgeschlagene Ohr hörte
mehr als die unverletzten.
Die Silberlinge, die mir zur Last
gelegt wurden von der Geschichte,
beschwerten meinen Strick,
unwesentlich.

Peter Maiwald

Gleich zu Beginn gesteht Judas lapidar: »Ich war's«. Gemeint ist damit doch wohl das Schuldeingeständnis: ›Ja, ich habe Jesus ausgeliefert.‹ Gleichzeitig wird jedoch jeglicher Versuch, diesem ›Verrat‹ welche Tiefenbedeutung auch immer zuzuschreiben, zurückgewiesen. Das alles ist »Legende«. Das Geld brauchte er, um – wie in der Apostelgeschichte berichtet – einen Acker zu kaufen. Einen Grund, sich selbst zu töten, sah er nicht. Der Strick wurde vielmehr für jenen Zweck verwendet, der ihm normalerweise zusteht: zur Bändigung von Ochsen. Und die Legende von Verrat und Selbsttötung? Eine Erfindung, die der auch damals schon skandalbesessenen Presse als Sensationsstory verkauft wurde, die diese Geschichte nur zu gern verbreitete. Welche Geschichten lesen sich besser als die, in denen böse Taten schlimme Konsequenzen nach sich ziehen? Kein Wunder, dass dann auch die Evangelisten diese Version nur allzu bereitwillig übernahmen. Soweit die eine ›Judas-Version‹.

Die Zweite: Dieses Mal rechtfertigt Judas sich als politischer Eiferer. Von wegen ›Verrat‹! Was er von Jesus erwartete, war eine politische Rebellion. Zur Not mit Gewalt. Und Jesus: predigte Gewaltlosigkeit! Die Sache lief schief. Die Überlieferung an die jüdische Obrigkeit diente einzig dazu, Jesus damit zu zwingen, zum Aufstand aufzurufen. Immerhin: Einer verstand das Signal. Simon Petrus, der ja in der Version des Johannesevangeliums tatsächlich zum Schwert griff, um Jesu Gefangennahme zu verhindern. Was ist dagegen der Vorwurf, Geld angenommen zu haben? »Unwesentlich«.

Zwei Versionen bleiben bei Maiwald nebeneinander stehen. Damit weist er auf einen Grundcharakter der Darstellung des Judas und überhaupt der Erzählungen um Passion und Auferweckung hin. Tatsächlich, das sind sie: Erzählungen. Sie können und wollen nicht dokumentarisch protokollieren. Sie erzählen Geschichten, die *literarisch* stimmen, nicht zwangsläufig in den historischen Details. Motive brauchen eine bestimmte Einkleidung. Rollen und Figuren verlangen nach einer gewissen Entfaltung. Wenn erinnertes Faktenwissen dazu passt: gut! Wenn keine Fakten mehr zur Verfügung stehen oder sie zu sperrig sind, wird die Geschichte so erzählt, dass sie als Geschichte stimmt.

Versuche, die Passionserzählungen so historisch wie möglich zu lesen (etwa *Lohfink* 2009, *Vermes* 2006 oder *Page* 2011), lassen diese Grundprinzipien von Narration außer Acht. Verschiedene Versionen der Rolle des Judas? Sperrigkeiten in seiner Darstellung schon innerhalb einzelner Evangelien, geschweige denn im Vergleich? Frühe Lesende hat all das nicht gestört. Sie konnten Geschichten noch als Geschichten lesen. Wir heute müssen das erst wieder mühsam lernen. Die historischen Züge des Judas ziehen sich hinter das Geflecht der Erzählungen um ihn zurück. Und stellen Rückfragen an die Stimmigkeit von Lesarten: Wie überzeugend ist die nachträgliche, schon in die biblischen Texte eingetragene Lesart, Jesus habe sein Schicksal bis ins Detail vorausgewusst und explizit angekündigt? Wie stimmig die Überzeugung, Jesu Weg habe genau so und nur so ablaufen müssen, habe von Anfang an unabänderlich festgestanden, ohne ihm – und den Menschen um ihn herum – freie Entscheidungen zu lassen?

Wenn wir dieser Lesart folgen würden: Wird Judas dann nicht zur willenlosen Gottes-Marionette und Jesus zum Mittäter am letztlich tragischen Schicksal seines Wegbegleiters? Und die übrigen Jünger zu stumpfen Nichts-Verstehern, die sich dem Schicksal nicht entgegenstemmen? Ein an Judas gerichtetes »Bleib hier!« von Petrus beim Abendmahl – sei es als beziehungsstiftende Bitte oder als autoritärer Befehl: Hätte es das ganze Geschehen aufhalten können? Ein »Nein« des Judas zu der ihm von vornherein zugedachten Rolle: Hätte es die Kreuzigung verhindert? Solche Gedanken zeigen, dass die Bibel weder aus einer psychologischen Stimmigkeit noch einer historischen Perspektive erzählt. Nach je *eigener Maßgabe* liefern die Evangelien sinnstiftende Versionen der unbestreitbaren, zugleich aber unerträglichen Tatsache, dass Jesus hingerichtet wurde. Nirgends lässt sich dieser Zug besser zeigen als im Blick auf Judas.

Judas heute?

Aber auch spirituelle Impulse strahlen von diesem Judas aus hindurch bis in unsere Zeit: An welchem Punkt wären auch wir dazu bereit, eigenen Ideale zu verraten? Wie sehr drücken wir anderen unsere Sicht auf, ohne auf ihre eigene Wahrnehmung und Deutung von Wirklichkeit zu achten? Wo erliegen auch wir der Versuchung, bei anderen die Schuld für Misserfolg und Scheitern zu suchen? Judas wirkt weiter wie ein Doppelspiegel: Einerseits bündelt er die Lichtstrahlen der Ereignisse um Jesus, beleuchtet sie bis zur Kenntlichkeit, zwingt uns, sie in seiner Brechung anders zu sehen. Manche vertraute Sichtweise erscheint dadurch in neuem

Licht. Andererseits hält er uns selbst sein Profil zur spiegelnden Erkenntnis vor. Nein, niemand würde sich die Rolle des Judas im Passionsspiel des Lebens freiwillig wählen. Aber Züge seiner Charakterisierung finden sich in jeder ehrlichen Selbsterforschung.

6.

Kreuzsterben

Matthäus 27,45-51

Verlassen in Leid und Tod?

Golgata

entblößt und gequält
der meute zum spott

ratlos im warum
wie hiob, dein bruder

himmelsschrei um hilfe
stumm bleibt das all

verlassen von gott
mutterseelallein

vollbracht ohne sinn
zu früh wortverstummt

ohnmächtig bis in den tod
wie wir, wie wir

Er starb als Mitte-dreißig-Jähriger. An einem Kreuz außerhalb der
Stadtmauern Jerusalems. Ein grausamer, qualvoller Tod. Warum?
Warum musste Jesus sterben? Diese Frage stellte sich schon sei-
nen Wegbegleitern. Sie wird in den neutestamentlichen Schriften
unterschiedlich beantwortet. Und gibt Anlass zu theologischen
Spekulationen bis heute: Was war ›Gottes Plan‹ mit seinem Sohn?
Hätte es keine anderen Wege gegeben, um seine Botschaft durch-
zusetzen?

All diese Fragen sind psychologisch nur zu berechtigt. Aber müßig. Was immer noch so kluge theologische Spekulationen als Antwort zutage fördern, sie vergreifen sich. Wer hier klare, logisch strukturierte Systeme entwickelt, setzt sich an die Stelle Gottes. Und verstößt gegen die Grundregeln der analogen Rede. Eine Antwort aus ›göttlicher Perspektive‹ kommt uns Menschen nicht zu. Je umfangreicher dogmatische Traktate sich in diese Fragewelten spekulativ vertiefen, umso unglaubwürdiger.

Uns bleibt der nüchterne Befund: Jesu Auftreten, seine Botschaft, seine provokativen Handlungen wie die ›Tempelreinigung‹ (Mk 11,15–19) zogen den Zorn der Herrschenden auf sich. In einer Gemeinschaftsaktion von jüdischer Obrigkeit und römischer Rechtsmacht wurde er wegen ›Aufruhr‹ zum Tode verurteilt. Gerichtsakten liegen nicht vor. Nichts spricht dafür, dass sein Prozess von denen der vielen Tausenden abwich, die in diesen Jahren am gleichen Ort, auf gleiche Art und wegen gleicher Anklage zu Tode gebracht wurden. Das ist das eine.

Das andere: Für seine Freunde und Anhänger war diese Hinrichtung natürlich eine, die alles andere war als ›eine unter vielen‹. Dass sie im Nachhinein versuchten, gerade diese Todesart als sinnvoll zu deklarieren, ist nachvollziehbar. Ein nach menschlichem Ermessen ›sinnloser‹ Tod – untragbar! Vor allem angesichts des Osterglaubens an die Auferweckung erschien die Kreuzigung später in neuem Licht. Davon wird die Rede sein.

Zwingen wir uns zunächst dazu, die Unfassbarkeit des Karfreitags auszuhalten. Als historisches Faktum ist sie ein bleibend verstörendes Moment des Christentums. Ganz konsequent steht das Kreuz im Zentrum, bildet der Kruzifixus das Grundsymbol dieser Religion. Nicht als Abwendung vom Leben; nicht, weil Christen das Leiden Jesu spirituell verklären würden; nicht, um sich selbstquälerisch immer wieder neu die Schlechtigkeit dieser Welt vor Augen zu führen. Das Kreuz – wahrlich kein ›schönes‹, kein ›harmonisches‹, kein ›lebensfreudiges‹ Symbol – steht für das Christentum, weil es sich im Kern auf das furchtbare historische Ereignis des Martertodes Jesu bezieht. Daran führt kein Weg vorbei. Das bleibt ein hartes Faktum der Orientierung.

Sie kreuzigten »einen ihm Ähnlichen«? Karfreitag im Koran

Wie wenig selbstverständlich diese Vorgabe ist, zeigt sich in einem gerade an dieser Stelle höchst aufschlussreichen interreligiösen Vergleich zum Islam (vgl. *Langenhorst* 2016b, S. 311 ff.). Nur zögerlich dringt die Tatsache in das christliche Bewusstsein, dass Jesus auch im Islam eine überaus hochgeschätzte Figur ist. In 15 von 114 Suren wird er erwähnt, in 93 Koranversen finden sich Bezugnahmen auf ihn. Man muss sich klarmachen: Der Koran ist die einzige außerbiblische Grundschrift einer Weltreligion, in der Jesus eine wichtige Rolle spielt. Er gehört zu den großen ›rasul‹, den herausgehobenen prophetischen Gesandten oder Boten, die eine Buch-Offenbarung erhalten haben, und deren Reihe für Muslime in Mohammed ihren krönenden Abschluss findet.

Viele Elemente der muslimischen Charakterisierung Jesu / Isa sind dabei aus der Bibel übernommen, gleichzeitig finden sich aber auch grundsätzliche Ausblendungen oder Umdeutungen. Jesus selbst werden die Worte in den Mund gelegt: »Siehe ich bin Allahs Diener. Gegeben hat Er mir das Buch, und Er machte mich zum Propheten.« (Sure 19,30) Gleichzeitig wird jedoch betont, dass der Anspruch der Gottessohnschaft in die Irre führt: »Nicht steht es Allah zu, einen Sohn zu zeugen.« (Sure 19,35) Hier wird bereits eine entscheidende Weichenstellung des koranischen Jesusbildes deutlich: Ein Diener, ein gottgesandter Prophet, ein schon als Kind Weissagender und Wundertätiger, ein jungfräulich und geistgezeugt Empfangener: ja – *ein Gottessohn: nein*!

Diese Grundcharakterisierung führt in sich logisch zu entscheidenden Aussagen hinsichtlich der Kreuzigung, welche die biblischen Erzählungen noch einmal besonders konturieren. Da Jesus als Gesandter und Prophet Gottes gesehen wird, kann der Islam den Gedanken *nicht* zulassen, dass Jesus gemartert wurde und *am Kreuz gestorben* ist. Sure 4,157 f. schildert – aus Respekt vor der Größe eines echten Propheten – die Ereignisse um Jesu Tod anders als in den neutestamentlichen Schriften: »doch ermordeten sie ihn nicht und kreuzigten ihn nicht, sondern einen ihm Ähnlichen«. Und »es erhöhte ihn Allah zu Sich«.

In Sure 3 wird diese *Erhöhung Jesu* als ›Abberufung‹ und Heimholung charakterisiert, gestaltet im Duktus der direkten Anrede: »O Jesus, siehe, Ich will dich verscheiden lassen und will dich erhöhen zu Mir« (Sure 3,55). Ein dichtes, vieldimensionales Geflecht der Zeichnung Jesu prägt also den Koran. Zwei grundlegende Bedeutungsebenen lassen sich voneinander unterscheiden: Zum einen wird Jesus als herausragender Prophet und Gesandter Gottes gezeichnet, ein wundertätiger Jungfrauensohn, durch dessen Besonderheit die überragende Schöpfungsmacht Gottes aufscheint. Er gilt gerade dadurch »als der vollkommen vorbildhafte Mensch und Gottesknecht«, dass er explizit »nicht begehrt, mehr als das zu sein« (*Bauschke* 2007, S. 82). Zum anderen ist es aus genau diesem Grund für Muslime undenkbar, dass ausgerechnet dieser Gesandte am Kreuz gestorben sein soll. Der Respekt vor Gott, der Respekt vor seinem Gesandten Jesus verbietet aus muslimischer Sicht diesen Gedanken. Ein Gesandter hat Besseres verdient: Er wurde von Gott abberufen, heimgeholt, erhöht zur ewigen Existenz in seiner Nähe, so die Grundüberzeugung.

In vielen Aspekten teilen die monotheistischen Geschwisterreligionen Christentum und Islam grundlegende Überzeugungen und Lebenseinstellungen. Hier stehen wir jedoch an einem auf Dauer trennenden Punkt. Und das gleich zweifach: Wenig überraschend erstens, dass die theologischen Grundüberzeugungen hier zwei Wege gehen. Dass Muslime die Gottessohnschaft Jesu nicht anerkennen, ist genauso selbstverständlich wie die – aus christlicher Sicht – Ausblendung seiner Heilsrelevanz. Wäre dies anders, teilten wir denselben Glauben. Der zweite Punkt ist jedoch grundlegender: Die koranischen Schilderungen der Umstände um Jesu Tod und Erhöhung lassen sich schon durch den – für kritische Leserinnen und Leser unerlässlichen – *Prüfblick der Profanhistoriker* nicht validieren. Im Blick auf die Kreuzigung Jesu kommt den neutestamentlichen Schilderungen eine hohe wissenschaftliche Plausibilität zu.

Im Zentrum: Das Kreuz

Der Vergleich mit den muslimischen Deutungstraditionen macht noch einmal in aller Schärfe bewusst: Am Kreuzestod Jesu als historisches Faktum führt – im Licht der Vernunft betrachtet – kein Weg vorbei. Christlich gesehen beginnt von hier aus das Nachdenken: Nicht über das sich in die Vergangenheit verbohrende unbeantwortbare ›Warum‹, sondern über das nach vorn weisende ›Was-folgt-daraus‹. *Diese* Frage muss sich die Theologie stellen. Diese Perspektive bestimmt das Leben jedes glaubenden Christen.

Stellen wir uns das biblisch geschilderte Szenario noch einmal vor Augen: Drei Kreuze auf Golgata. An und für sich – pervers wie es ist – ein normaler Anblick. 7000 Menschen wurden hier in den zehn Jahren unter Pontius Pilatus so hingerichtet. Im Schnitt zwei pro Tag. Dieses Mal sind die Umstände besonders: Da das Pessachfest unmittelbar bevorsteht, gebieten es die Reinheitsvorschriften, dass die Leichen der zu Tötenden rechtzeitig von den Kreuzen zu entfernen sind. Eile tut Not. Das Sterben muss schnell gehen.

Der misshandelte, geschundene Verurteilte muss den Querbalken seines Kreuzes selbst schleppen. So ist es üblich. Er ist allein. Seine Freunde sind geflohen, hätte ihnen doch im Falle eines Aufgreifens dasselbe Schicksal gedroht wie ihrem Meister. Nur Frauen und ›Jünglinge‹ verfolgen das furchtbare Schauspiel. Diese biblische Angabe ist plausibel.

Welche seiner *Begleiterinnen und Begleiter stehen unter dem Kreuz* oder in der Nähe? Die Auskünfte der Evangelien sind unterschiedlich: Markus zufolge verfolgen »von Weitem« das Geschehen: »Maria aus Magdala, Maria, die Mutter von Jakobus dem Kleinen und Joses, sowie Salome« (Mk 15,40). Matthäus, von Markus abschreibend, übernimmt die Szenerie, benennt mit etwas anderer Charakterisierung »Maria aus Magdala, Maria, die Mutter von Jakobus und des Josef, und die Mutter der Söhne des Zebedäus« (Mt 27,56). Lukas, der sich mit den jüdischen Gepflogenheiten vor Ort nicht so gut auskannte und für Lesende mit ähnlichem Hintergrund schrieb, tilgt die Namen. Bei ihm stehen alle seine Bekannten »in einiger Entfernung, auch die Frauen, die ihm von Galiläa aus nachgefolgt waren« (Lk 23,49).

Ganz anders schildert Johannes diese Szene, und dies so wirkmächtig, dass die Malerei und die Jesusfilme fast durchgängig seine Version ausgestalteten. Nicht in der Ferne stehen die Zeuginnen, sondern »bei dem Kreuz«. Und zuvorderst genannt wird »seine Mutter«, gefolgt von der »Schwester seiner Mutter«, von »Maria, der Frau des Klopas, und Maria von Magdala« (Joh 19,25). Hinzu kommt – ganz einzigartig – der »Jünger, den er liebte« (Joh 19,26); eine rätselhaft bleibende Verweisgestalt, von der nur im Johannesevangelium die Rede ist (vgl. *Fenske* 2007). Sie wird später mit Johannes, dem vermeintlichen Verfasser des gleichnamigen Evangeliums, identifiziert. Es handelt sich dabei jedoch um ein nachträgliches Konstrukt, das keinerlei historische Plausibilität aufweist. In der Logik der Szene muss es sich um einen Jüngling handeln, der folgerichtig in der Kunstgeschichte meistens als bartlos dargestellt wird.

Wir erinnern uns: Keiner der Evangelisten war ein Augenzeuge der Ereignisse um Jesus. Sie verließen sich auf ihnen vorgegebene

Zeugnisse und Erzähltraditionen. Kaum verwunderlich deshalb, dass die konkreten Schilderungen im Detail abweichen. Allein *Maria von Magdala* ist in allen vier Texten (zumindest implizit) als Kreuzigungszeugin genannt. Diese Tendenz wird sich bestätigen: Bei aller grundsätzlichen Übereinkunft über das Faktum der Kreuzigung weichen die vier Evangelien in den Einzelzügen voneinander ab. Ein wichtiger Hinweis: Hier geht es nicht um historische Präzision bis in die Details hinein, sondern um Erzählungen, die perspektivische Darstellungen und damit immer auch schon Deutungen vorlegen.

Letzte Worte

Das wird besonders deutlich im Blick auf die wirkungsgeschichtlich zentralen ›*letzten Worte Jesu*‹. Letzte Worte gelten grundsätzlich oft als Vermächtnis, als Schlüssel zum Verständnis einer Person. Von ihnen aus liest sich das Leben in einer damit vorgeprägten Perspektive, so die Annahme. Kein Wunder, dass dieser Aspekt auch in den Evangelien eine besondere Rolle spielt.

Markus, der chronologisch erste Evangelist, überliefert den zunächst auf Hebräisch, dann in Übersetzung wiedergegebenen Ausruf: »Mein Gott, mein Gott, warum hast du mich verlassen?« (Mk 15,34) Ein Schrei letzter Gottverlassenheit? Schon die Umstehenden – so die von Markus präsentierte Textlogik – missverstehen diesen Schrei, halten ihn für eine Anrufung des Propheten Elia. Missdeutbar ist dieser Vers aber bis heute, handelt es sich doch um den Anfang von Psalm 22. Dieser Psalm beginnt zwar als Klagepsalm, endet aber als Vertrauensaussage: »Ich will deinen Namen meinen Brüdern verkünden, inmitten der Versammlung dich loben.« (Ps 22,23) Auch wenn der erste Vers also als Klage formuliert ist, wussten kundige Lesende von Anfang an, dass die Klage im Rahmen eines Gottvertrauens formuliert ist. Dieser Duktus legt die Frage nahe, ob der Evangelist diesen Psalmvers Jesus nicht in den Mund gelegt hat. Als Glaubensaussage. Ja, eine Klage im Mund des Sterbenden. Aber eine, die aufgehoben ist in der Weiterführung des Psalms als vertrauender Lobpreis. Denkbar, dass Markus im Folgevers das wirkliche Geschehen am besten abbildete: »Jesus aber schrie mit lauter Stimme. Dann hauchte er den Geist aus.« (Mk 15,37) Ein wortloser Schrei im Gefühl der Gottverlassenheit. Das Verstummen der Worte. Selbst des Psalms. Denkbar.

Matthäus übernimmt weitgehend diese Version des Markus. Anders *Lukas*. Für ihn war der Psalmvers offensichtlich eine Provokation. Eine Klage als letztes Wort Jesu? Ein Schrei der Gottverlassenheit in der Stunde des Todes? Ohne die Gewissheit, dass Lesende den Verweis auf den Vertrauenspsalm verstehen würden, schien ihm die Version zu missverständlich. So will er Jesus nicht abtreten lassen. Seine Version der letzten Worte Jesu lautet deshalb anders: »Vater, in deine Hände lege ich meinen Geist« (Lk 23,46). Auch dies ist ein Psalmwort (Ps 31,6), aber es weckt natürlich völlig andere Assoziationen. Keine Spur mehr von Klage. Keine Rede von Gottverlassenheit. Stattdessen eine Sprachgeste der Ergebenheit, des Einverständnisses und des Gottvertrauens. Dieses Bild will Lukas als Letztes von Jesus hinterlassen. Ob da nicht zu deutlich die theologische Absicht hindurchschimmert? Ein Versuch der Entschärfung, der Harmonisierung, der passgenauen Zustimmbarkeit?

Bei Johannes wird diese Tendenz endgültig (über-)deutlich. Kein Schrei, sondern ein Ausspruch. Keine Klage, kein Psalmwort sondern: »Es ist vollbracht!« (Joh 19,30) Jesus wird hier stilisiert als jemand, der wusste, was und warum er seinen Weg bis zum präzise vorbestimmten Ende gehen musste. Jesus selbst nahm diesen Weg an. Es *musste* alles genau so geschehen, insinuiert der Verfasser des Johannesevangeliums.

Der Spannungsbogen ist groß: »Warum hast du mich verlassen?«; »In deine Hände lege ich meinen Geist«; »Es ist vollbracht!« Das spirituelle Schlussbild der Evangelien könnte unterschiedlicher kaum sein. Ganz offensichtlich haben die Evangelisten ihre eigene Überzeugung in die Texte hineingeschrieben. Wer hat recht? Könnte man nicht – einer alten kirchlichen Tradition folgend – alle Aussagen in eine nacheinander folgende Reihung bringen und dadurch allen Darstellungen gerecht werden?

Eine Reihung widerspricht der Erzähl- und Bildlogik der einzelnen Texte. Spirituell möglich ist sie durchaus; den Texten gerecht werdend, geschweige denn der Historie, ist sie kaum. Die Einsicht bleibt: Ein Zurück hinter die Evangelien ist an dieser Stelle unmöglich. Wie Jesus genau gestorben ist, was seine letzten Gedanken, was seine letzten Worte waren, entzieht sich unserer Kenntnis. Wir sollten dieses Nichtwissen akzeptieren. Die Annahme, dass ein wortloser Schrei sein Ende bestimmte, hat viel für sich.

Literarisch wird der Tod Jesu mit unterschiedlichen Motiven dramatisiert: Die Erde bebt; der Vorhang des Tempels reißt entzwei; der römische Hauptmann bekennt, dass dieser Mensch »ein Gerechter« war (Lk 23, 47), so Lukas, während Markus und Matthäus sich nicht scheuen, diesem Heiden (!) ein Christusbekenntnis in den Mund zu legen: »Wahrhaftig, dieser Mensch war Gottes Sohn« (Mk 15,39). Allzu deutlich wird, dass diese Erzählelemente einerseits einer Dramatisierung der Ereignisse und anderseits ihrer – aus nachträglicher Sicht vorgenommenen – Deutung dienen. Historisch plausibel sind sie nicht. Dem Karfreitagsgeschehen wird man eher gerecht, wenn man die Texte mit großer Nüchternheit liest. Sie umkleiden das Unfassbare, Unerträgliche des brutalen Kreuzestodes. Diese Perspektive bestimmt auch den literarischen Text, der dieses Kapitel konturiert.

Kurt Marti: Das Paradox von Liebe und Scheitern

Kurt Marti, der zu Beginn dieses Buches bereits erwähnte, im letzten Jahr hochbetagt gestorbene Schweizer Dichterpfarrer, hat mehr als alle anderen das Sprachbewusstsein einer zeitgenössisch angemessenen ›christlichen Lyrik‹ geprägt. Seine über einen Zeitraum von fünf Jahrzehnten erschienenen, breit rezipierten Gedichtbände zeichnen sich durch »experimentellen, spielerischen Wagemut« (in: *Bühler / Mauz* 2016, S. 19) aus. Mit den durchgängig verwendeten Stilmitteln der prinzipiellen Kleinschreibung, dem weitgehenden Verzicht auf Interpunktion und einer fast durchweg freien Versgliederung nähert er sich der Konkreten Poesie an. Die in der pastoralen und religionspädagogischen Praxis beider christlicher

Konfessionen vielfach verwendeten Gedichte des reformierten Pfarrers Marti gelten als herausragende Zeugnisse von Theopoesie.

In seinen 1963 erschienenen »Gedichten am Rand«, eigener Aussage gemäß »gedacht als experimenteller Beitrag zum Problem der ›christlichen Lyrik«« (in: *Mauch* 1991, S. 110), findet sich der folgende Text (*Marti* 1995, S. 66):

am holz

der sich
ganz auf gott
verliess
   hängt am kreuz
   von gott
   verlassen
der
die gnade
ist
   schreit im Schmerz
   der gnaden-
   los
der
für liebe
stritt
   stirbt
   von hass
   durchbohrt
Kurt Marti

Vor allem die Erschütterung angesichts der konkreten Umstände des Todes Jesu wird in diesen knappen Versen deutlich. Wir haben uns an diese Tatsache so sehr gewöhnt, dass wir normalerweise das Gefühl für den bleibenden ›Skandal‹ dieser Hinrichtung verloren haben. Das Gedicht versucht ein Gegengewicht zu setzen.

Zweigeteilt durch das Druckbild stehen Glaubensaussagen über Jesus, Erinnerungen an sein Hoffnungsprofil auf der einen Seite: Vertrauen, Gnade und Liebe sind die Grundbegriffe dieses Profils. Doch die Karfreitagsrealität sieht eben anders aus, hier geschildert durch die jeweils eingerückten Dreizeiler: Gottverlassenheit, Schmerz, Gnadenlosigkeit und Hass sind die Schlagworte, die Jesu – und unsere – Alltagsrealität bestimmen. Der lyrische Text stellt die unversöhnliche Spannung zwischen diesen beiden Dimensionen nachdrücklich vor Augen.

Hier hängt jener brutal gescheitert am Schandpfahl, von dem sich seine Anhänger Rettung erhofften. Im Zentrum steht eindeutig der »Schmerz«, als einziges Wort dieses Textes mit großem Anfangsbuchstaben ausgezeichnet. Und das Kreuz – nicht zu vergessen – ist nach Dtn 21,23 ein Zeichen für einen *von Gott* Verworfenen! Dass die Christen gerade diesen Gescheiterten und Gehenkten als Messias bezeichnen, bleibt die große Zumutung der christlichen Botschaft. Das Kreuz ist zunächst ganz und gar das Symbol des Karfreitags, des Leidens, des Scheiterns, der Brutalität der Täter, des Schmerzes der Opfer.

7.

Karsamstagsexistenz

Matthäus 27,57–61

Ausgespannt zwischen
Verzweiflung und Hoffnung

ausgespannt zwischen
gestern und morgen

was ist das: heute
wie lebt gegenwart

erfahrungen mahnen
hoffnungen knospen

wie pulst das herz
wer weist den weg

nach oben, nach unten
nach rechts, nach links

wo ist das: hier
wie finde ich heimat

verhallt der schrei
ungehört das lied

wo klingt mein ton
wie lautet das WORT

Der Tod am Kreuz nach langer Qual. Ein Mensch geht so unehrenhaft zugrunde, dass ein schwerer Schatten auf sein ganzes zuvor
gelebtes Leben zurückfällt. Ein »von Gott Verfluchter« starb hier,

so scheint es. Ein Tod um die »neunte Stunde« (Mk 15,34) herum, also nach heutiger Zeitangabe gegen fünfzehn Uhr. Davor eine dreistündige Dunkelheit. Danach: Schweigen. Auch der Evangelientexte. Dieses tiefe *Karfreitagsschweigen* bildet eine grundlegende Erfahrung des Christentums. Es gibt Momente, wo die Worte versagen. In denen die Welt stillzustehen scheint. Die man schlicht ertragen und aushalten muss.

Die Grablegung

Dann aber setzt die Handlung wieder ein. Wir erinnern uns: Die Kreuzigung fand aller Wahrscheinlichkeit nach am »Rüsttag« statt, am »Tag vor dem Sabbat« (Mk 15,42). Der Sabbat selbst aber durfte kultisch nicht verunreinigt werden. Nach jüdischem Gesetz waren verwesende Leichen an Kreuzen grundsätzlich undenkbar. Die Vorschrift ist eindeutig: »die Leiche soll nicht über Nacht am Pfahl hängen bleiben, sondern du sollst ihn noch am gleichen Tag begraben« (Dtn 21,23). Hier muss etwas geschehen!

Mehrere Stunden sind vergangen, es ist Abend geworden. Nun betritt ein Mann die Szene, der vorher noch nicht genannt worden war: *Josef von Arimathäa.* Er wird von der Evangelisten unterschiedlich charakterisiert: »ein vornehmes Mitglied des Hohen Rats, der auch auf das Reich Gottes wartete« (Mk 15,43), so zunächst Markus. Diese Bezeichnung blieb unklar: Was sollte das heißen? Matthäus konkretisiert: »ein reicher Mann«, »ein Jünger Jesu« (Mt 27,57). Lukas setzt zum Teil andere Akzente: »ein Mitglied des Hohen Rats und ein guter und gerechter Mensch«. Er »wartete auf das Reich Gottes« (Lk 23,50 f.). Und noch einmal anders Johannes: Josef war »ein Jünger Jesu, aber aus Furcht vor den Juden nur im Verbogenen« (Joh 19,38).

Ganz offensichtlich verbirgt sich hinter diesen Schilderungen eine historische Gestalt, sonst wäre die so eindeutige Zeichnung dieser Person nicht erklärbar. Ein einflussreicher, begüterter Jude, Mitglied des Hohen Rates, ein heimlicher Anhänger Jesu – nichts spricht gegen eine historische Glaubwürdigkeit dieser Charakterisierung. Dazu passt, dass er die Verantwortung für das folgende Geschehen ungefragt übernimmt. Seine Rolle im Geschehen: Er bittet Pilatus darum, die Leiche Jesu vom Kreuz abnehmen zu lassen, und um die Herausgabe des Leichnams. Kein Zweifel wird dabei daran gelassen, dass Jesus wirklich tot war.

Josef von Arimathäa handelt dann so, wie es der jüdischen Tradition im Umgang mit Leichen gemäß ist. Er kauft ein Tuch aus Leinwand und wickelt den toten Körper hinein, eventuell – so will es das Johannesevangelium – nachdem der Körper mit Salben ehrenvoll versorgt wurde. In der Nähe der Kreuzigungsstätte – wo genau, ist umstritten – wird der Körper in ein Felsengrab gelegt. Schließlich wird der schwere, runde, mindestens mannshohe Verschlussstein vor das Grab gerollt. Lukas betont: »ein Felsengrab, in dem noch nie jemand bestattet worden war« (Lk 32,53). Die Frauen, die unter dem Kreuz standen, beobachten all dies von fern. Im Normalfall wurden Hingerichtete erdbestattet, meistens anonym und in Massengräbern. Sie sollten keinerlei Spuren hinterlassen. Die Bestattung in einem Felsengrab für einen Hingerichteten ist äußerst ungewöhnlich. Schon das deutet auf die Besonderheit dieses Toten, dieser Stätte hin.

Inzwischen war der Sabbat fast angebrochen. An ihm galt strikte Ruhe. So auch in allen Evangelien. Alle Texte schweigen über die folgenden vierundzwanzig Stunden. Lukas hatte noch erzählt, dass die von ihm erwähnten Frauen »wohlriechende Salben und Öle« zubereiteten, um ihrerseits den Leichnam zu pflegen. Doch dazu war es zu spät. »Am Sabbat aber hielten sie die vom Gebot vorgeschriebene Ruhe ein.« (Lk 23,56)

Karsamstag – das Dazwischen

Ein zweites Schweigen also. Nach dem karfreitäglichen Schweigen zwischen der nachmittäglichen Sterbestunde und dem notwendigerweise geschäftigen Abend nun ein ganzer Tag. Kein Text. Kein Wort. Kein Bild. Der Ruhezeit des Sabbats im Judentum entspricht auf ganz anderer Ebene der Karsamstag. Erst das Ruhen schafft die Vollendung. Ein Reich des Dazwischen. Der Passivität. Ein Schweben zwischen dem Wissen um die Brutalität des Karfreitags, des Kreuzes Jesu und der vielen Kreuze und Kreuzesschicksale ungezählter Menschen auf der einen Seite. Und dem Erahnen und Erhoffen, dass es einen Ostersonntag geben könnte, eine Überwindung der Qualen und des Leidens auf der anderen. All das schweigend. Unbeweglich. Still.

Einer der Namen, den der Karsamstag in der langen Geschichte des Christentums trägt, ist »Stiller Samstag« (*Wiese* 2002, S. 93).

Eine treffende Bezeichnung. *Hans-Ulrich Wiese* hat diesem besonderen Tag in seiner aufschlussreichen »Auseinandersetzung mit dem Karsamstag in Liturgie und Kunst« detailliert nachgespürt und damit ein vergessenes Motiv neu in das Bewusstsein gerückt. Dieser Tag ist eben tatsächlich ein weitgehend vergessener Tag. Einer, dessen Profil zwischen Karfreitag und Ostern verblasst. Der aber besondere Beachtung verdient.

Ein ganz neuer Blick auf diesen Karsamstag geht auf den jüdischen Literaturwissenschaftler und Kulturkritiker *George Steiner* (*1929) zurück. Vor allem sein 1990 veröffentlichtes Buch »Von realer Gegenwart« wurde weltweit diskutiert, verbindet er hier doch eine grundlegende Kritik an den verschiedensten Spielarten postmoderner Philosophie mit einer Neubetonung der fast schon ›sakralen Würde‹ der Kunst. Sein Werk schließt mit einer Meditation und Reflexion über den Karsamstag.

»Es gibt einen besonderen Tag in der Geschichte des Westens, von dem weder historische Aufzeichnung noch Mythos Bericht geben. Es ist ein Samstag. Und er ist zum längsten aller Tage geworden. Wir wissen von jenem Karfreitag, der der Christenheit als der des Kreuzes gilt. Doch der Nichtchrist, der Atheist weiß von ihm ebenso. Das heißt, dass er von der Ungerechtigkeit weiß, von dem unendlichen Leiden, vom Verfall […]. Wir wissen unauslöschlich vom Schmerz, vom Versagen der Liebe, von der Einsamkeit, welche unsere Geschichte und unser privates Geschick sind.« (*Steiner* 1990, S. 301 f.)

Das ist die eine Seite des Dazwischen. Die Erfahrung, die Gläubige und Nichtgläubige, Christen und Andersgläubige teilen, wenn auch in je eigener Deutung. Aber da ist eben auch die andere Seite.

>»Wir wissen auch vom Sonntag. Für den Christen bedeutet dieser Tag eine Ahnung, sowohl voller Gewissheit wie Gefährdung, sowohl evident wie jenseits des Verstehens, von Auferstehung, von einer Gerechtigkeit und einer Liebe, die den Tod überwunden haben. Wenn wir Nichtchristen oder Ungläubige sind, wissen wir von jenem Sonntag in analogen Begriffen. Wir fassen ihn als Tag der Befreiung von Unmenschlichkeit und Sklaverei auf. Wir hoffen auf Lösungen, seien sie therapeutisch oder politisch, seien sie gesellschaftlich oder messianisch. Die Züge jenes Sonntags tragen den Namen der Hoffnung.« (ebd., S. 302)

Doch, auch Nicht- oder Andersgläubige wissen, was mit der Metapher ›Sonntag‹ gemeint ist. Analog steht dieses Wort, dieser Tag für eine unauslöschliche letzte Hoffnung, dass dem grauenvollen Karfreitagssymbol nicht die letzte Wirkmacht bleibt. Das aber macht diesen Samstag so spannend. Er lebt aus der Kraft des Dazwischen, des Nicht-Mehr und Noch-Nicht, der Schwere des Wissens und der Flüchtigkeit des Hoffens.

Hier setzt Steiners zentraler Gedanke ein: Dieser Zustand ist gerade jener, der die Kreativität der Künstler und Denker freisetzt. Wird es im Lichte Osterns noch notwendig sein, Kunst zu betreiben? Steiner ist skeptisch: »In der utopischen Vollkommenheit des Sonntags wird es für das Ästhetische vermutlich weder Logik

noch Notwendigkeit mehr geben.« (ebd.) Und in der Tat: Eine
rein österliche Kunst fern von der Erdschwere des Karfreitags, der
Suche, des Ringens und des Zweifels, gibt es vermutlich weder in
Musik oder Dichtung noch in der Malerei.

Karsamstagskinder

Nein, so Steiner weiter, in kreativer Fortführung jüdischer Denkart:
»Philosophisches Denken, poetisches Schaffen sind Samstagskin-
der.« (ebd.) Kinder des Sabbats. Karsamstagskinder. Das Dazwischen ist der eigentlich produktive Raum. Hier setzt sich Kreativität frei. Hier drängt die Schaffenskraft nach vorn. »Die erkennen-
den Wahrnehmungen und Gestaltungen im Spiel metaphysischer
Vorstellung, im Gedicht und in der Musik, die von Schmerz und
Hoffnung sagen, vom Fleisch, das nach Asche schmeckt, und vom
Geist, der den Geruch des Feuers hat, sind immer des Samstags.«
(ebd.)

Karsamstag: Dieser Tag ist das Symbol für den Ort des Dazwischen, der zur Heimat der Kunst wird. Hier, zwischen Qual und
Hoffnung, entsteht das Ringen um ästhetische Gestaltung. Diesen
Gedanken greift der deutsche Schriftsteller *Botho Strauß* (*1944)
auf, der zu der deutschen Buchausgabe von »Von realer Gegenwart«
den später mehrfach wieder abgedruckten Essay »Der Aufstand
gegen die sekundäre Welt« beisteuert. Steiner fortschreibend formuliert er: »Die Lage der Kunst ist seit jeher eine unschlüssige; es
ist die *Samstagslage* […] zwischen dem Freitag mit Kreuzestod und

grausamen Schmerzen und dem Sonntag der Auferstehung und der reinen Hoffnung.« (*Strauß*, in: ebd., S. 318)

Kunst entsteht also in der Samstagslage. Warum? »Weder am Tag des Grauens noch am Tag der Freude wird große Kunst geschaffen. Wohl aber am Samstag, wenn das Warten sich teilt in Erinnerung und Erwartung«, so Botho Strauß. So kann man das Leben und Arbeiten von Künstlern – im Anschluss an den katholischen Theologen *Karl-Josef Kuschel* – mit der Bezeichnung der »Karsamstags-Existenzen« (*Kuschel* 1997, S. 25) charakterisieren als ein Leben »in der Spannung zwischen den Erinnerungen an Grauenhaftes, das nicht verdrängt werden kann, und der Hoffnung auf eine Erfüllung, die nur erahnbar ist« (ebd., S. 29).

Tatsächlich leben aber wohl nicht nur Künstler so. Sondern viele. Gewiss, das Leben mancher Menschen ist ganz und gar eine Karfreitagsexistenz. Geprägt allein von Verzweiflung und Leiden. Eine furchtbare Hiobsexistenz ohne Hoffnung. Aber auch die Gegenerfahrungen gibt es: Menschen, die ganz und gar österlich geprägt sind. Durchglüht vom Wissen um das ewige Leben. Durch und durch erfüllt von der Sicherheit, erlöst zu sein, jetzt schon und auf ewig.

Trotz derartiger Extremexistenzen: Die meisten Menschen leben wohl in diesem Dazwischen, in »hell-dunklen Zonen, in Situationen der partiellen Sonnenfinsternis« (*Metz* 2011, S. 158). Geprägt von der eigenen oder bezeugten Leiderfahrung, aber durchpulst von einer Hoffnung, die sich verschiedenartig speisen kann. Markiert von der Signatur bitterer Endlichkeit und gleichzeitig ausgespannt auf das Mögliche, das Visionäre, das Ersehnte. Mal eher bestimmt von diesem Pol, mal von jenem.

Gerade Christinnen und Christen sind beides: Karfreitagsmenschen *und* Ostermenschen, ausgespannt zwischen Leid und Leidüberwindung. Geprägt von der eisigen Erfahrung all der Ungerechtigkeiten und Härten, aber gleichzeitig vom Glutkern der Hoffnung, der zu einer ständigen Verbesserung des Lebens antreibt. Dessen Wärmestrahlung nicht an der Grenze des Todes endet.

Karsamstagsexistenz, ein Leben im Dazwischen, ein Ausgespanntsein zwischen dem Wissen um die Abgründigkeiten und der Hoffnung auf ein letztes Getragensein – eine Metapher, in der viele Menschen sich spiegeln können. Der katholische Theologe *Johann Baptist Metz* hat deshalb den Vorschlag gemacht, auch von einer »Karsamstags-Christologie« (ebd., S. 157) zu sprechen. Wir brauchen, schreibt er, »mehr Karsamstagssprache in unseren Gebeten«, um »eine glaubwürdige Sprache zu finden gegenüber den Zweifeln, den Ungewissheiten und Unsicherheiten« (ebd., S. 159).

Österliche Sprache und österliche Hoffnung dürfen diese bleibenden »Karsamstags-Schatten« (ebd., S. 130) nicht ausblenden. Umso deutlicher stellt sich so die Frage nach dem Grund dieser Hoffnung. Was kann Ostern heute heißen? Welche Rede vom ›ewigen Leben‹ hält den harten Prüfungen des Karsamstags stand? Bevor wir uns diesen Fragen zuwenden, blicken wir auf ein Gedicht, das die Ohnmacht des Karsamstags gekonnt in Verse bringt.

Heinrich Detering: Nach Golgatha

Der 1959 geborene Literaturwissenschaftler *Heinrich Detering* gehört zu den bekanntesten Vertretern seiner Zunft. Vielfach preisgekrönt, unter anderem mit dem renommierten Leibniz-Preis der Deutschen Forschungsgesellschaft, war er nicht nur von 2011 bis 2017 Präsident der Deutschen Akademie für Sprache und Dichtung, sondern ein weltweit gefragter Repräsentant des akademischen Lebens. Erstaunlich und bemerkenswert, dass gerade er sich auch als Lyriker einen Namen gemacht hat. Fünf eigenständige Bände sind bislang erschienen: unprätentiöse Alltagsbeobachtungen, Meditationen über das Leben in seiner Vielfalt. Religiöse Motive können sich immer wieder in den poetisch erschlossenen Kosmos mischen, nehmen aber keine herausragende Stellung ein. Im Band »Wrist« (2009) – einem Verweis auf eine kleine Gemeinde in Schleswig-Holstein – findet sich das Gedicht »Nach Golgatha« (*Detering* 2009, S. 71).

Nach Golgatha

Als wir dann zurückkehrten in die Stadt,
hatte keiner etwas von einem Erdbeben bemerkt.
Es hatte leicht zu nieseln begonnen, die Steine
waren schlüpfrig, es war kein Vergnügen.
Seit drei etwa hatte es sich zugezogen vom Meer her, das
war die Dunkelheit, von der manche sprachen, später,
das war alles.

Wir hatten keine Gestalt gesehen
die uns gefallen hätte, nur ein zähes
Schauspiel, zu roh wie fast immer
und ermüdend.
So gingen die meisten schweigend.

Wir dachten an die Kinder, an das Abendessen,
an den Abend nach dem Essen, an die Nacht danach.
Sechs Tage lang haben wir auf diesen Abend gewartet,
wie jede Woche, wie jede
Woche. Nun ist er da, der Tag hat
sich geneigt, es war ein langer Tag,
wie fast immer. Auch draußen
wird jetzt Ruhe sein.

Morgen ist arbeitsfrei.
Übermorgen dann alles wie gehabt.

Heinrich Detering

»Wie fast immer«: Gleich zweifach verweist diese Angabe auf den
Grundduktus des lakonisch berichtenden Textes. Eine nicht näher
charakterisierte Gruppe von Menschen – unklar ob heutige oder
damalige – ist auf dem Heimweg in ihre Stadt. Wie so oft. Nach
sechs Tagen Arbeit und Alltagsroutine hatten sie sich zur Beiwoh-
nung eines Spektakels aufgemacht. Nur aus dem über den Titel des
Gedichts erschließbaren Kontext ahnen wir Lesende, dass sie sich
aufmachen, um Hinrichtungen beizuwohnen, in diesem Fall der
Hinrichtung Jesu. All diese konkreten Hinweise spart dieser Text

aber aus, augenfällig anders als in dem späteren Gedicht Deterings »Golgatha, kleine Vögel« aus dem Band »Wundertiere« (2015). Hier müssen die Lesenden sie ergänzen.

Das Beiwohnen einer öffentlichen Hinrichtung: Wie man aus der Historie weiß, war dies ein von vielen Menschen als ›Vergnügen‹ betrachteter Zeitvertreib. Doch dieses Mal – wie so oft – erfüllten sich die Erwartungen nicht. Ein »zähes Schauspiel« wurde ihnen geboten, »zu roh«, zu »ermüdend«. Die Hoffnung auf »eine Gestalt, die uns gefallen hätte«, wurde wieder einmal enttäuscht. Entsprechend gedrückt ist die Stimmung. Müßig zu spekulieren, wie eine derartige Gestalt ausgesehen haben müsste …

Der Sprecher des Textes nimmt zwei Perspektiven gleichzeitig ein. Einerseits ist er ganz einer der sich müde nach Hause Schleppenden, völlig auf das Kommende konzentriert, auf die Begegnung mit den Kindern, das Abendessen. Vor allem: auf die Perspektive der Ruhe des kommenden, arbeitsfreien Tages, des erneut ungenannt bleibenden Sabbat. Danach geht die Mühle des Alltags weiter. Wie fast immer. »Wie jede Woche, wie jede Woche« – die Wiederholung unterstreicht den Verdruss. Ein Lebensgefühl wird beschworen, in dem die Routine zu Resignation führt. Ein Lebensgefühl, in dem sich auch manche heutige Menschen gespiegelt fühlen mögen. Wenn dann auch noch die erhofften Höhepunkte der Unterhaltung ausbleiben, bleibt nur ein trottendes Vor-Sich-Hingehen.

Andererseits blickt der Sprecher jedoch aus größerer Distanz auf das Geschehen zurück. Nun weiß er, dass diese Menschen von einem ganz besonderen Ereignis zurückkehrten. Der Tod Jesu sei begleitet gewesen von jener ungewöhnlichen, dreistündigen Dunkelheit, von einem Erdbeben, so spielt er in die erste Versgruppe ein. Um diese Angaben aus eigener Sicht gleich zu relativieren: Vom Erdbeben haben sie nichts gespürt, es kann also nur Einbildung oder freie Erfindung gewesen sein. Und für die Dunkelheit gab es ganz natürliche Erklärungen. Alles kein Wunder. Nichts Ungewöhnliches. Alles wie fast immer.

Detering bleibt in der fiktiven Perspektive der Zeitzeugen, die freilich nichts anderes bezeugen können als wieder einmal eine Kreuzigung wie so viele andere davor und danach. Quälend, langwierig, für die Zuschauer ermüdend. Nichts war anders als sonst. Nichts ändert sich. Alle erzählerischen Versuche der biblischen Berichte, aus *dieser* Kreuzigung eine besondere zu machen, werden zurückgewiesen. Eine Kreuzigung von 7000. Nicht mehr, nicht weniger.

Das Gedicht funktioniert als Kontrasttext. Vorausgesetzt wird: Die Lesenden wissen, dass diese Kreuzigung eben *nicht* war wie alle anderen. Dass der hier qualvollst zu Tode Gemarterte mit seinem Leben und in seiner Botschaft eine Orientierung für Milliarden Menschen in den folgenden Jahrtausenden gesetzt hatte. Dass man von ihm erzählen wird, er sei nicht im Tod geblieben, sondern von Gott auferweckt worden zu ewigem Leben. Leserwissen und präsentierte Textwelt geraten in eine Spannung, die nur sie selbst auflösen können.

Genau hier spitzt sich der existenzielle wie theologische Spannungsbogen zu: Wie – um Gottes Willen – kann von dieser harten Karfreitagsrealität aus der Bogen nach Ostern geschlagen werden?

Unabhängig von konkreten Zeitvorgaben: Der *dritte Tag* ist grundsätzlich biblischer Tradition gemäß »Gottes Tag, am dritten Tag
greift Gott selbst rettend ein« (*Klauck* 1984, S. 109), so will es die
metaphernreiche Theologie des Alten Testaments. Aber wie? Wie
führt der Weg des Glaubens aus dem Schwebzustand des Karsamstag hinaus? Wie kann man von Auferweckung erzählen?

8.

Magdalenensekunde

Johannes 20,11-18

Momente der Erkenntnis

Magdalenensekunde

sie wendet sich um
und sieht
erkennt aber nicht

er spricht
nennt sie
beim namen

wieder wendet sie
sich ihm zu
großen auges

stammelt
satzlos
DU

er aber
löst sich ab
und geht

in verbundenheit
die der berührung
nicht bedarf

Folgen wir noch einmal der imaginären Kameraführung der Evangelien. Langsame Zoom-Aufnahmen bestimmen den Bildtakt, fol-

gen wie in Zeitlupe dem Prozess Jesu, den einzelnen Stationen der Passion, dem Sterben, der Grablegung. Und dann: Cut! Das Bild wird schwarz, bleibt es lange. Der Sabbat. Der Karsamstag. Keine Bilder. Kein Fortgang der Handlung.

Diese Erkenntnis ist zentral: Die Bibel verweigert jegliche Bilder, jegliche sprachliche Schilderung von dem, wie ›Auferweckung‹ geschieht. Ein ›Kamerablick‹ in die Grabhöhle Jesu? Undenkbar. Ein Tabu. Darin aber liegt ein Fingerzeig, der auch für uns gilt: So sehr uns die Neugier dazu treiben mag nachzufragen, *wie* die Auferweckung, wie Auferweckung allgemein zu denken ist, so sehr sollten wir von der Bibel lernen, dass wir genau das *nicht wissen können*. Gerade angesichts der Bildfülle der vorherigen Ereignisse mahnt der Bildentzug an dieser Stelle zu Enthaltsamkeit.

Wie aber setzen die biblischen Erzählungen dann wieder ein – nun in anderem Ton, in veränderter Farbe, in neuer Melodie? Welche ersten Bilder setzen sie von Ostern? Wie erzählt man vom Umschwung, von Hoffnung? Welche Sprache ist dazu geeignet, das unfassbare Geheimnis, den Glauben an eine Auferweckung vom Tod, auszudrücken? Gerade hier werden wir auf die in der Hinführung zu diesem Buch entfalteten *Grundregeln der analogen Rede* zu sprechen kommen, auf die einzige Möglichkeit, stimmig von Gott, von Auferweckung zu reden: nicht in zugreifend-definitorischer Sprache, sondern in den Umkreisungen der *Erzählung*, die von innen heraus in eine Tiefenwahrheit führen. Nicht in – einen Sachverhalt benennenden – Aussagesätzen, sondern in *poetischer Sprache*, die zur Einfühlung einlädt.

Die Frauen am Grab

Der Sabbat ist vorüber. Frühes Morgenlicht. Die ersten Sonnenstrahlen. Die Frauen gehen zum Grab Jesu. Welche? Wie schon zuvor im Blick auf die Augenzeuginnen der Kreuzigung Jesu stimmen die Namen in den drei synoptischen Evangelien nicht überein. In jedem Fall jedoch dabei: Maria aus Magdala. Warum kommen sie? »Um Jesus zu salben« (Mk 16,1) – ein jüdischer Brauch, der die Verehrung des Verstorbenen betont –, so Markus und Lukas. Oder schlicht, um »nach dem Grab zu sehen« (Mt 28, 1), so Matthäus.

Vier Erzählmotive stimmen in den drei Evangelien fortan überein.

✳ Der schwere Rundstein, der am Tag der Grablegung aufrecht stehend vor die Grabhöhlung gerollt worden war, wurde zur Seite geschafft. Der Zugang zum Grab ist offen. Sie können ungehindert in die Grabhöhle eintreten. Nur Matthäus erwähnt, der Stein sei von einem »Engel des Herrn« (Mt 28,2) im Rahmen eines gewaltigen Erdbebens bewegt worden. Markus und Lukas schweigen über diese Details.

✳ Die Suche und das Anliegen der Frauen ist vergebens. Das Grab ist leer. Der Leichnam Jesu fort. Wieder füllt nur Matthäus die Erzählung auf: Die Hohepriester bestachen einige Soldaten, so erzählt er, damit sie das Gerücht in die Welt setzten, die Jünger hätten den Leichnam gestohlen (vgl. Mt 28,11–15). Erzähltechnisch geschickt, historisch unwahrscheinlich: Von vornherein soll die Vermutung, die Jünger hätten die

Auferweckung lediglich erfunden und verfälschend inszeniert, als Lüge gebrandmarkt werden.

✳ Nicht Jesu Leichnam finden die Frauen, vielmehr treffen sie völlig überraschend auf Boten, die ihnen (und uns Lesenden) erklären, was in den unerzählten Stunden passiert ist: Jesus ist »auferstanden« (Mt 16,6). Sie erinnern die Frauen daran, dass Jesus doch genau dies vorausgesagt habe. Ihre Erläuterung: Jesu Verheißungen haben sich nun erfüllt!

✳ Schließlich erfolgt die Aufforderung, diese Botschaft auch an die anderen Jünger weiterzusagen. Die Frauen werden zu Botinnen, zu ›Aposteln‹. Das ihnen offenbarte Geheimnis gilt *allen* Jüngern, allen Menschen, bis heute. Ihre Rolle ist die der *Verkünderinnen* der ihnen anvertrauten Botschaft! Dass diese Rolle schon von Anfang an zu Widerspruch reizt, belegt allein Lukas. Die Apostel »hielten das für Geschwätz« (Lk 24,11), unterstellt er. Traurige Vorbilder: Bis heute versuchen (Kirchen-) Männer in ihrem Gefolge, die Rolle dieser Frauen infrage zu stellen und kleinzureden …

So weit, so gut. Aber: Kann man diese Erzählungen als historische Berichte lesen? Als eine Art Filmskript, das reales Geschehen wiedergibt? Exegeten wie Gerd Lüdemann sind an solchen Lesarten verzweifelt und haben letztlich den ganzen Osterglauben verabschiedet (vgl. *Lüdemann/Özen* 1995). Nur deshalb, weil sie sich von Anfang an lediglich eine einzige Lesebrille aufsetzen konnten, deren Lichtdurchlass ausschließlich aus historisch mit Sicherheit Beweisbarem bestand. Ja, dann bleibt vieles dunkel. Aber es ist eben eine selbst gewählte Brille. Es gibt andere. Die Evangelien selbst haben eine unmissverständliche *Warnung* eingebaut, die vor einer historisierenden Lesart dieser Texte warnt. Denn wer erscheint den Frauen? Wer gibt ihnen die benannten Auskünfte? Wer verkündet erstmals die Auferweckung Jesu? Wer gibt den Auftrag, davon weiterzuerzählen?

Auffällig: Hier weichen die Evangelien voneinander ab. Signifikant. Und das kann kein Zufall sein! Hier versuchen die Verfasser ja, eine Art ›göttliche Stimme‹ in ihre Texte hineinzuschreiben. ›Von Gott aus‹ soll uns Menschen von der Auferweckung erzählt werden. Aber wer kann im Namen Gottes sprechen? Wer sein ›Denken‹ in menschliche Sprache bringen?

Markus, der Urverfasser dieser Szene, wählt einen weder davor, noch danach im Evangelium je wieder erwähnten »jungen Mann, der mit einem weißem Gewand bekleidet war« (Mk 16,5). Bibelkundige Lesende werden damals wie heute in dieser Charakterisierung einen *himmlischen* Boten erkannt haben, eben eine Verkörperung der ›Stimme Gottes‹. Diese Typisierung findet sich schon im Alten Testament, etwa im Buch Tobit (Tob 5,5 ff.; vgl. auch 2 Mak 3,26). Die symbolische Gestaltung der Szene reicht aber tiefer. Der »junge Mann« sitzt »auf der rechten Seite« – von dort aber kommen stets nur gute Botschaften. Und mehr noch: Er »sitzt«, während er spricht – das entspricht der Haltung großer Autorität. Wir sehen: Markus wählt symbolisch aufgeladene Bilder. Er weiß: Dieses Geschehen ist ›real‹ nicht zu erklären.

Das weiß auch *Matthäus*, der diese Szene ja von Markus übernimmt. Die Rede vom »jungen Mann« aber überzeugt ihn erzählerisch nicht. Bei ihm übernimmt diese Rolle jener »Engel des

Herrn«, der zuvor schon den Stein vom Grab weggewälzt hatte. Und Matthäus bedient bildreich unsere Vorstellungskraft: »Sein Aussehen war *wie* ein Blitz und sein Gewand weiß *wie* Schnee.« (Mt 28,3) Eine fotografische Beschreibung? Doch wohl eher fantastische Bildsprache, gleich zweifach mit den (von mir drucktechnisch hervorgehobenen) ›wie-Vergleichen‹ illustriert.

Lukas wählt seinerseits eine noch einmal andere Lösung: Gleich »zwei Männer in leuchtenden Gewändern« (Lk 24,4) werden zu Verkündigern der göttlichen Botschaft. Die Deutung dieser frappierenden Unterschiede ist klar: *Wie* Gottes Stimme zu den Menschen spricht, lässt sich nicht objektiv darstellen. Es muss narrativ entfaltet werden. Durch Erzählfiguren, die genau das sind: Figuren, nicht Abbilder realen Geschehens. *Dass* hier jedoch eine ›göttliche Botschaft erfolgt‹, ist erzähltechnisch völlig klar. In allen drei Versionen erschrecken die Frauen, müssen beruhigt werden durch die ›frohe Botschaft‹: »Erschreckt nicht!« (Mk 16,6) Warum aber überhaupt das Erschrecken? Weil biblischer Tradition zufolge eine Begegnung mit Gott grundsätzlich im Normalfall erschreckend ist. Nicht jedoch hier.

Und *das leere Grab*? Völlig klar ist, dass die Niederschreiber dieser biblischen Texte fest von der für sie als sicher geltenden Überzeugung ausgingen, dass das Grab leer war. Dass der irdische und wieder auferweckte Körper Jesu verschwunden war. Und zwar nicht durch Trickserei oder Grabraub. Sondern unerklärbar. Rätselhaft. Wunderbar. Aber: Hängt der ganze Osterglaube an dieser Überzeugung? Würde er als Fälschung entlarvt, wenn man in naher Zukunft mit wissenschaftlicher Unzweideutigkeit die

Gebeine Jesu finden würde und zweifelsfrei identifizieren könnte? Für manche Christinnen und Christen mag ›das leere Grab‹ diese Bedeutung haben.

Für andere hängt der Glaube an die Auferweckung nicht an dieser Frage. Da Jesus so ganz anders aufersteht als es schilder- und vorstellbar ist, wäre für sie das Auffinden der sterblichen Überreste Jesu letztlich unwichtig. Auferweckung bedeutet gerade nicht ein Weiterleben der irdischen Materie des Körpers. Die Rede vom leeren Grab wäre dann ein – freilich schon ganz früh einsetzender – bildlicher Sprachversuch, die *innere* Überzeugung von Jesu Auferweckung in ein *äußeres,* objektives, erzählbares Bild zu tauchen.

Doch auch hier stellt sich die Rückfrage: Ob all das schon möglich gewesen wäre in einer Zeit, in der man die Grabstätte Jesu ja ganz genau kannte? In der eine potenzielle Überprüfung also jederzeit möglich gewesen wäre? – Beide Denkmöglichkeiten über das ›leere Grab‹ bleiben nebeneinander stehen. Wieder einmal zeigt sich der christliche Glaube als stark genug, zwei verschiedene Verständnismöglichkeiten nebeneinander stehen und zulassen zu können.

Soweit also zu den drei synoptischen Evangelien nach Markus, Matthäus und Lukas. Sie liefern Szenen wie mit einem Weichzeichner, in einer anderen, die Realität übersteigenden Farbe und Konturierung. Mit der klaren Botschaft: Jesus ist nicht im Tod geblieben. Hier ereignet sich die »Rehabilitation des unehrenhaft Gekreuzigten« (*Schreiber* 2015, S. 232). Hier geschieht etwas radikal Neues. Etwas Unglaubliches! Etwas, das man aber glauben soll, nein: darf! Es ist ›wahr‹!

Maria aus Magdala

Das Johannes-Evangelium kennt die Erzählung von den Frauen am Grab nicht. Es setzt ganz anders am Ostermorgen an. Der gleiche Tag, dieselbe frühe Stunde, auch hier der Weg zum Grab, und erneut ist der Grabstein rätselhaft und wunderbar bereits zur Seite gewälzt. Doch hier ist eine Frau allein unterwegs: Maria von Magdala, die exklusiv als übereinstimmender Name auch bei den drei anderen Evangelien als Grabgängerin genannt worden war. Auf ihr liegt hier der Fokus. Sie, die Frau mit Namen und Profil, rückt ganz und gar ins Zentrum. Sie, die »eindeutig wichtigste Jüngerin« (*Petersen* 2011, S. 181) Jesu, wird zur Erstzeugin seiner Auferweckung.

Was wissen wir von ihr aus den Vorgeschichten der Evangelien? Markus und Johannes erwähnen sie erstmals als Zeugin des Geschehens um die Kreuzigung. Markus charakterisiert sie nur kurz als Jüngerin Jesu, sie sei zusammen mit anderen Frauen »Jesus schon in Galiläa nachgefolgt und hatte[n] ihm gedient« (Mk 15,41). Diese gesicherten Informationen also liegen von ihr vor: aus Magdala am Ufer des See Gennesaret stammend war sie eine jener Frauen, die – wie so viele Männer – Jesus in Galiläa begleitet hatten. Die sein Wirken und seine Worte bezeugten und davon so erfasst waren, dass sie sich ihm anschlossen. Sie ›dienten‹ ihm, kümmerten sich also um das Gelingen seines Wirkens, unterstützen ihn auch »mit ihrem Vermögen« (Lk 8,3). Und waren ihm nach Jerusalem gefolgt, bis unter das Kreuz. Ob Maria Magdalena, wie von der Tradition vermutet, »unverheiratet und kinderlos« (*Petersen* 2011, S. 185) war, bleibt pure Spekulation.

Lukas genügt diese Charakterisierung nicht. Als Einziger führt er Maria Magdalena schon früh in sein Evangelium ein als »Maria, genannt Magdalena, aus der sieben Dämonen gefahren waren« (Lk 8,2). Sicherlich wird man aus heutiger Sicht zumindest einen Großteil jener Krankheiten, die man früher aus medizinischer Unkenntnis als Dämonenwerk bezeichnete, als psychisch-seelische Störungen identifizieren können. Ohne, dass uns Gegenwartsmenschen diese neue Bezeichnung und Einschätzung oft helfen würde, den Umgang damit zu erleichtern. Maria wäre dieser Tradition zufolge jedenfalls eine Frau, die von Jesus geheilt wurde und sich ihm deshalb als Jüngerin anschloss.

Fatal in der Wirkungsgeschichte: Die derart Charakterisierte, von Jesus Geheilte wird in der Traditionsgeschichte mit jener namenlos bleibenden »Sünderin« (Lk 7,37) zu einer Gesamtfigur zusammengeschmolzen, von der Lukas unmittelbar davor erzählt. Selbst wenn dieser Gedanke jener breit bezeugten christlichen Traditionslinie folgen mag, den in der Bibel noch Namenlosen dann nachbiblisch Namen zu verleihen, so erweist sich der Preis hier als hoch, zu hoch: Maria von Magdala wird gegen alle biblischen Charakterisierungen zur ›Sünderin‹ erklärt. Und mehr noch: Aus dieser Sünderin wird zudem eine ›Prostituierte‹ gemacht. Als solche ging Maria Magdalena in die Wirkungsgeschichte der christlichen Jahrhunderte ein. Das Ziel dieser Zusammenfügung? Ganz offensichtlich die bewusste Desavouierung, die Schwächung einer starken Frau.

Denn das ist sie, diese Maria aus Magdala: Die profilierteste Frau des Neuen Testaments. Nach Jerusalemer Tradition gilt sie als Erstzeugin der Auferweckung Jesu. Und die Kirche wird ihr – allen Versuchen der Marginalisierung und Abwertung zum Trotz – einen einzigartigen Titel verleihen: *apostola apostolorum*: die Apostelin der Apostel; die Erstzeugin der Zeugen; die Lehrerin der Lehrer. Noch im Jahr 2016 wird ihr ein eigener Festtag gewidmet: der zweiundzwanzigste Juli. Wie kommt es dazu?

Johannes entwirft zwei Szenen. Die Erste liest sich wie eine Fortführung der Erzähltradition der Synoptiker. Als Maria von Magdala – morgens *allein* zum Grab gekommen – sieht, dass der Stein vom Grab weggenommen worden ist, geht sie in dieser Version nicht hinein. Allein wie sie ist. In all ihrer Verwirrtheit wendet sie sich an die für sie höchste Autorität, Simon Petrus. Der läuft – auf ihre Nachricht hin – zusammen mit dem ominösen, oben bereits kurz genannten ›Lieblingsjünger‹ Jesu zum offenen Grab. Ein wunderbar narrativ entfaltetes Detail: Der junge Mann ist schneller als der alte, Petrus. Und lässt diesem – wartend – doch den Vortritt. Die Botschaft für uns Lesende ist klar: Simon Petrus ist der Chef! Er betritt die Grabhöhle als Erster, sieht die Leinenbinden und das Schweißtuch dort liegen. Versteht er schon in diesem Moment, was das bedeutet? Das bleibt ungesagt. Explizit wird erstmals vom Lieblingsjünger berichtet, dass er »sah und glaubte« (Joh 20,8).

Wie in den Erzählungen der Synoptiker: Auch hier finden sie den Leichnam Jesu nicht. Abgesehen von den »Leinenbinden« und dem »Schweißtuch« (Joh 20,6) ist das Grab leer. Was also hat das zu bedeuten? Dieses Mal tritt kein »junger Mann«, kein »Engel«, treten keine »zwei Männer« mit göttlicher Botschaft auf. Das Rätsel des verschwundenen Leichnams bleibt zunächst bestehen. Die beiden Jünger kehren »nach Hause« (Joh 20,10) – wo immer das in Jerusalem gewesen sein mag – zurück. Maria aus Magdala aber, die sich im Gefolge der beiden Wett-Läufer ebenfalls ein zweites Mal auf den Weg gemacht haben muss, ohne dass es erwähnt wird, bleibt allein zurück. Sie sitzt weinend vor dem Grab. Auf die nun folgende zweite Szene hin wurde dieser österliche ›Vor-Lauf‹, dieses österliche ›Vor-Spiel‹ erzählt.

Denn nun schließt sich eine der dichtest komponierten Szenen des Neuen Testaments an. Meisterlich erzählt. Bild um Bild (fortan Joh 20,11–18).

✳ Die einsame, weinende Maria beugt sich in die Grabkammer hinein. Dort sieht sie nun »zwei Engel in weißen Gewändern, den einen dort, wo der Kopf war, den anderen dort, wo die Füße des Leichnams Jesu gelegen hatten«. ›Zwei Engel‹ also, apokalyptischer Tradition gemäß in weiße Kleider gehüllt, fungieren hier als eine weitere Variante der Darsteller des göttlichen Wirkens. Auffällig: Petrus und der Lieblingsjünger, die beiden Männer, sahen an gleicher Stelle zuvor nichts.

✳ Dieses Mal kommt den Engeln jedoch nicht die Rolle als Entfalter der göttlichen Botschaft zu. Nichts haben sie zu erklären und zu deuten. Stattdessen stellen sie die Frage: »Frau, was weinst du?«

✳ Maria Magdalena erläutert den Grund ihrer Trauer: Man habe ihren Herren – doch wohl: den Leichnam ihres Herren – »weggenommen«. Gemäß der Erzähllogik der Synoptiker müssten die Engel jetzt antworten, Auskunft geben, Maria wie uns Lesenden Erklärungen liefern über das unerzählt Gebliebene. Nicht hier.

✳ Maria rechnet nicht mit einer Antwort, erwartet gar nicht erst eine Auskunft, dreht sich ein zweites Mal um, nun wieder mit Blick aus der Grabhöhle heraus. Und dort steht: »Jesus«! Sie aber wusste nicht, dass es Jesus war. Seltsam, ausgerechnet sie, die ihn doch wie nur wenige sonst kannte. Was anders kann dieser Hinweis bedeuten, als dass ›dieser Jesus‹, der Auferweckte, eben völlig anders zu denken ist als der Mensch, den sie begleitet hatte?

✳ Jesus wiederholt nun wortwörtlich jene Frage, welche die Engel bereits stellten, ohne dass dies zu tieferen Einsichten und Lösungen der Spannungen geführt hätte. Er selbst muss diese Frage stellen, nur so ergeben sich wirklich neue Perspektiven: »Frau, was weinst du?« Fügt dann jedoch an: »Wen suchst du?« und öffnet so den Weg für eine persönliche Beziehungsgeschichte. Doch diese Frage kommt zu früh. Die Zeit ist noch nicht reif für ein echtes Begegnungsgeschehen. Wie so häufig im Alltag: Oft genug bestimmen Prozesse der *Vergegnung* (Martin Buber) vermeintlich dialogische Prozesse. So auch hier!

✳ Denn nun folgt eine der seltsamsten Szenen des Neuen Testaments, fast lachhaft, fast eine Slapstickeinlage, ginge es nicht um eine grundlegend tief ernste Angelegenheit. »Sie meinte, es sei der Gärtner.« Der Gärtner! Jedem Drehbuchautor eines

Fernsehskripts würde diese Szene gestrichen mit der kopfschüttelnd vorgetragenen Bitte um Verbesserung! Klarer kann der Verfasser kaum betonen: Dieser ›auferweckte Jesus‹ ist ganz anders als alle unsere Vorstellungen. Von ihm kann man nur in einer erzählenden Umkreisung berichten.

✳ Unwichtig, was Maria antwortet, geschuldet ihrer irrtümlichen Wahrnehmung. Der Handlungsfokus richtet sich nun ganz auf Jesus. Er ergreift das Wort. Er klärt das Missverständnis auf. Er gibt sich zu erkennen. Wie? Nur mit einem Wort. Er nennt ihren Namen: »Maria!« Keine Erklärung, kein Hinweis auf das Geschehene, keine Belehrung. Er erinnert sie an ihre Beziehung. Die Nennung des Namens rührt in das Herz. Warum müsste man da mit Worten mühsam erläutern, was passiert sei? Die Stimme bewirkt das Erkennen, nicht das Aussehen. Das *Hören* blitzt in die Tiefe der Wahrheit, nicht das Sehen!

✳ Ein drittes Mal wendet sie sich um, nein: ein viertes Mal. Denn zuvor muss sie sich verbittert und resigniert vom ›Gärtner‹ abgewendet haben, während oder nachdem sie zu ihm gesprochen hatte. Oder an ihm vorbeigegangen sein. Ohne Augenkontakt. In Abwendung. Nur so ergibt die erzählte Bewegungsdynamik Sinn. Denn nun erst dreht sie sich ein letztes Mal zu ihm um, wendet sich ihm zu. Jetzt erst sprechen sie Aug in Auge, einander zugewandt, erkennend, in neuer Gemeinsamkeit. »Rabbuni!«, antwortet sie, als Entgegnung auf die Nennung ihres Namens, und der Evangelist erklärt seinen Lesern damals und uns heute: »das heißt: Meister«. »Mein Lehrer« wäre wohl die bessere Übersetzung. Egal. Mehr Worte braucht es zunächst nicht. Die Beziehung ist wieder hergestellt. Etwas Neues bricht auf. *Wie* Jesus auferweckt wurde, wird nicht erzählt. Die Wahrheit seiner Todesüberwindung zeigt sich durch sein Erscheinen vor Maria, in ihrem Erkennen. Im Aufblitzen ihrer Augen, die man als Lesender oder Hörender in diese Szene hineindenken mag.

Damit ist der Erzählhöhepunkt dieser einzigartigen Szene erreicht. Es braucht aber noch narrative Abrundungen: Jesus mahnt Maria, ihn nicht festhalten – und das heißt ja auch: nicht berühren – zu wollen. Der Auferweckte lässt sich nicht berühren. Eine taktile Überprüfung findet nicht statt, ist auch nicht erforderlich. Jeglicher Versuch, den Auferweckten festhalten zu wollen – körperlich-konkret, aber auch durch theologische Schablonen und definitorische Fixierungen – wird nachdrücklich zurückgewiesen. Er müsse, erläutert Jesus weiter, zu seinem Vater ›hinaufgehen‹. Sie aber solle den Jüngern vom Geschehen und seinem weiteren Geschick berichten. Explizit wird sie hier – vom auferweckten Jesus – zu ihrem Botendienst beauftragt. Und Maria Magdalena tat wie ihr geheißen. Der Auferweckte aber wird noch am Abend desselben Tages, des Ostersonntags, auch allen anderen Jüngern erscheinen.

Patrick Roth: Die Magdalenensekunde

Eine aus den Texten des Neuen Testamentes herausragende Szene: dicht; berührend; rätselhaft; verstörend; ins Numinose ausgreifend. Ein Glutkern des Christentums, ungreifbar, aber wirkungsvoll. Sie hat ungezählte Künstler zu fantasievoller Ausgestaltung inspiriert, sei es in der Malerei, sei es in der Dichtung. Eine neuere literarische Gestaltung ragt heraus, die von *Patrick Roth* (*1953). Sein viel beachtetes Werk zeichnet sich dadurch aus, in einer großen eigenen Mythopoesie neutestamentliche Stoffe aufzugreifen und zu ganz eigenen Bildwelten neu zusammenzufügen.

Zunächst erschienen drei Christus-Novellen, 1998 unter dem Titel »Christus-Trilogie« zusammengefasst. Die letzte dieser komplex konstruierten Novellen, 1996 unter dem Titel »Corpus Christi« veröffentlicht, ist dabei als Ostergeschichte und Auferstehungserzählung konzipiert. Der theologische Literaturkritiker *Paul Konrad Kurz* bezeichnete sie euphorisch als »die ungeheuerste Auferstehungsgeschichte, die jemals in deutscher Sprache geschrieben wurde« (*Kurz* 1996, S. 500; vgl. *Langenhorst* 2014, S. 269–283). Patrick Roth ließ 2012 einen in vergleichbarer Weise angelegten Roman um den ›Vater Jesu‹ folgen: »Sunrise. Das Buch Joseph« (vgl. *Kopp-Marx / Langenhorst* 2015). All diese Werke müssen hier mit einer bloßen Nennung vorlieb nehmen. Wir konzentrieren uns auf einen anderen Zugang.

2002 hielt Patrick Roth die renommierten ›Frankfurter Poetikvorlesungen‹, sie wurden noch im gleichen Jahr unter dem Titel »Im Tal der Schatten« veröffentlicht. Dort findet sich erstmals ein Text, der ein Jahr später separat veröffentlicht wurde: »Magdalena am Grab«. Erzählt wird – kunstvoll und in vielfachen Überblendungen – ein Ereignis, das der Autor so oder ähnlich autobiografisch Mitte der 1980er-Jahre erlebt hat. Eine junge Schauspielertruppe spielt die von uns gerade entfaltete Szene des zwanzigsten

Kapitels aus dem Johannesevangelium nach. Wo? In Los Angeles, Hollywood. In einem geheimnisvollen Haus und bedrückender, angstbesetzter Atmosphäre reinszenieren die jungen Darsteller das auch von ihnen Gelesene. Sie versuchen die österlichen Ursprungsszenen so genau wie möglich mit Leben zu füllen.

Beim Nachspielen fällt ihnen auf, dass die Bibel eben eine ›Wendung‹ unterschlägt, eine Bewegung *nicht* erzählt, dass ein ganzer »Satz« fehlt, der also »in der Bibel an dieser Stelle verschwiegen wird« (*Roth* 2003, S. 41). Als sie ihren Namen hört, wendet sich Maria Magdalena Jesus zu. Dass sie sich zuvor jedoch von dem vermeintlichen Gärtner *ab*gewendet hatte, wird tatsächlich nicht erzählt. Im Gegenteil, sie hatte ja zu ihm gesprochen. Aber eben nicht von Angesicht zu Angesicht. Mit niedergeschlagenen Augen. Im Vorübergehen. Für Roth wird diese letzte Wendung Maria Magdalenas dem Auferweckten entgegen zu einer Schlüsselszene, für die er einen neuen Begriff prägt: »Die vierte Wendung der Magdalena – die entscheidende –, das ist die Magdalenensekunde […] die Sekunde der Wiedererkennung: Mensch und Gott werden einander wieder bewusst. Rettend bewusst, einander taufend bewusst: aus dem Wasser des Unbewussten, Toten: ziehen sich beide, einer den anderen – einer neu, neu*geboren*, im anderen« (ebd., S. 49).

Stilisierend und überhöhend deutet Roth die Szene als Begegnung von Gott und Mensch, als namensgebend und darin taufend, in der »Magdalena sieht«. Entscheidende Hinzufügung: »und wird gesehen und er ebenso«. So aber ergibt sich eine einzigartige »Wendung, ja Zugewandtheit beider« (ebd., S. 50). In Maria Magdalena und im auferweckten Jesus aber treffen sich letztlich ganz allgemein Gott und Mensch, so Roth.

Die ›Magdalenensekunde‹ markiert also die notwendige Reaktion des Menschen auf den göttlichen Anruf und Zuspruch. Ohne die bewusst ausgeführte Reaktion, ohne die Zuwendung zu Gott, lässt sich Auferweckung nicht verstehen. Ohne diese Zu-Wendung bleiben Gärtner Gärtner. Ohne das Gegen-Wort »Rabbuni« bleibt die Beziehung von Gott und Mensch unvollkommen. Die Initiative, die Nennung beim Namen, der Aufbau der Beziehung ist fraglos ein göttlicher Zug. Er würde jedoch wirkungslos bleiben ohne die sich anschließende menschliche Hin-Wendung. Im Kerngeschehen aber lässt sich dieser einzigartige Moment fixieren: Eine Sekunde des Hörens, inneren Erkennens, des Sich-Umwendens: die ›Magdelenensekunde‹. Ein produktiver, Gedanken anregender Begriff.

Christa Peikert-Flaspöhler: Maria aus Magdala

Der hier ausgesuchte lyrische Text wirft noch einmal andere Schlaglichter auf Maria Magdalena selbst. In ihm geht es um den Umgang mit dieser starken Frau des christlichen Anfangs in der Rezeptionsgeschichte und um ihre Bedeutung bis heute. Er stammt von *Christa Peikert-Flaspöhler* (*1927). Die gebürtige Schlesierin verfasste zahlreiche Gedichte, lyrische Gebete, meditative Bibel- und Glaubensreflexionen, bewusst zumeist als ›Gebrauchstexte‹ für konkrete Anlässe konzipiert. Diese funktionale Brille verband sie jedoch durchweg mit einem poetischen Anspruch. Vor allem für kirchliche Frauenkreise schrieb sie emanzipatorisch inspirierte Texte, um den lange Zeit ungehörten weiblichen Gegenperspektiven in Kirche und Gesamtgesellschaft Stimme zu verschaffen.

So auch hier. Gleich mehrfach hat sich Christa Peikert-Flaspöhler mit Maria Magdalena auseinandergesetzt. Die gelungensten Texte bilden ein Doppelgedicht (*Peikert-Flaspöhler* 1993, S. 117f.), das erstmals 1988 veröffentlicht wurde.

Maria aus Magdala

I
Misstrauen
einzige Macht
im Gefängnis der Krankheit
einziger Schild
gegen Geißelhiebe
aus dem Mund der Gerechten

Brot warfen sie
vor meine Füße
wie einem Hund
der nicht springen kann
aber ich leckte
ihre Sandalen nicht
im verborgenen Winkel
wusch ich das Brot mit Tränen
ehe ich aß

Liebe aus deiner Hand
fand vom Scheitel bis in
die Zehenspitzen
und ich träumte
das neugeborene Kind

II
wie ich dir, Jesus
angehörte
als Befreite
wann
Lebensströme sich berühren
und gemeinsam
Tiefe orten
die Sonne kosten
weiterdrängen windbewegt
erhoffend Ewiges

allzeit und überall
wird es die Liebe
hüten
als Geheimnis

Christa Peikert-Flaspöhler

Christa Peikert-Flaspöhler lässt ihre Gedichtsprecherin hier direkt
in die Rolle der Maria Magdalena hineinschlüpfen. Als stilisiertes
›Lyrisches Ich‹ betrachtet sie ihr Leben aus der Retroperspektive.

In sparsamen Sprachbildern entstehen die Umrisse ihrer Lebens-geschichte. Die erste Versgruppe ruft die Erinnerung an jene »Krankheit« auf, von der sie besessen gewesen sei, eine Anspielung auf jene »sieben Dämonen« (Lk 8,2), von der das Lukasevangelium erzählt. Das Bild der Kranken steht so am Anfang des hier entfal-teten poetischen Porträts.

Entscheidend: Als Kranke wurde sie aus der Gesellschaft aus-geschlossen, dazu noch verspottet und verachtet, behandelt wie ein Tier von den selbst ernannten »Gerechten«. Sie lebte von den herablassend gewährten Brosamen, jedoch ohne sich den Macht-habern anzubiedern oder »ihre Sandalen zu lecken«. Ihr einziger Schutz trotz aller Tränen: das »Misstrauen« gegenüber all den Menschen, die auf sie herabsahen und sie ausgrenzten.

Diesem Misstrauen als Grundlebensgefühl wird in der dritten Versgruppe des ersten Gedichts das Wort »Liebe« entgegengesetzt, Liebe »aus deiner Hand«. Der Name Jesus muss hier nicht fal-len. Es wird als bekannt vorausgesetzt, dass es sich hierbei um den Mann aus Nazaret handelt. Dessen Liebe verwandelt sie, die Misstrauische, von Kopf bis Fuß, sodass sie das Leben fortan wie ein neugeborenes Kind betrachten kann. Auch hier: Die Magda-lenensekunde verwandelt zu neuem Leben.

Vom Wesen dieser Verwandlung erzählt das zweite Gedicht. Als »Befreite« fühlt sie ungekannte »Lebensströme«, lotet neue »Tiefe« aus, »kostet« die Sonne. Sie empfindet sich als »windbewegt«, eine Anspielung der Autorin auf den Wind als (göttlichen) Geist, in jüdischer Tradition »ruach« genannt und von weiblichem gramm-matikalischen Geschlecht. So lebt sie in der Hoffnung auf »Ewiges«. Bildreich ruft die Sprecherin ihr neues Leben auf, das von Jesus und seiner Liebe ermöglicht wurde. »Liebe«? Greift also auch Peikert-Flaspöhler die – in modernen Romane, Gedichten, Essays und Filmen zum durch Überbenutzung abgestumpften Stereotyp geronnene – historisch völlig unsinnige Behauptung auf, Jesus und Maria Magdalena seien ein auch geschlechtlich vereintes Liebespaar gewesen?

Das zweite Gedicht weist derartige Spekulationen in Schranken. Wie schon in der Benennung des ›Jüngers, den Jesus liebte‹ deutlich wird, redet die Bibel von vielfältigen Formen von Liebe. Gewiss, die tiefe Intimität der Magdalenensekunde kann als liebende Begegnung bezeichnet werden, aber »wie« – das bleibt ihr »Geheimnis«, ein Wort, das nicht zufällig dieses Gedichtpaar beschließt. Der beschriebene Prozess von Verwandlung, Befreiungserfahrung und dem Aufbruch zu einem neuen Leben bleibt von all dem unberührt. Dafür steht Maria von Magdala bis heute.

Überhaupt: Diese Frau strahlt als Kirchenlehrerin aus bis in unsere Zeit. Es bleibt auch »historisch plausibel«, dass sie eine »Zeugin der Kreuzigung gewesen ist« und »eine entscheidende Rolle für die Verbreitung der Auferstehungsbotschaft gespielt hat« (*Petersen* 2011, S. 193). Die biblische Zeichnung als Erstzeugin der Auferweckung Jesu stellt darüber hinaus in aller Schärfe die Frage danach, welche Rolle Frauen in der (römisch-katholischen) Kirche zukommt. Dass es Jüngerinnen Jesu gab, Gemeindeleiterinnen, Verkündigerinnen, Predigerinnen und Diakoninnen in der frühen Kirche, dass sich die Kirche aufbaut auf dem Erstzeugnis von Frauen: All das ist lang bekannt. Ihnen zentrale Ämter vorzuenthalten, verliert immer mehr an – aus historischen Entwicklungen hergeleiteter, damit aber Änderungen unterworfener – Plausibilität.

Unabhängig davon: Maria von Magdala symbolisiert den Ur-Moment des christlichen Osterglaubens. Aus Trauer und Verzweiflung wird Hoffnung; aus Tränen wird Freude; aus Einsamkeit wird Beziehung – für all das steht die Magdalenensekunde, die den Zeit-Takt auch unseres Leben bestimmen soll. Deshalb hat Johannes sein Evangelium erzählt. Aus diesem Grund widmet er der Begegnungsszene von Maria Magdalena und dem auferweckten Jesus ein eigenes Kapitel. Jesus ist nicht im Tod geblieben: unerklärlich, mit normalem Blick und Verstand nicht erkennbar, aber real. Nicht das Sehen, geschweige denn das Berühren bewirken diese Tiefenerkenntnis, sondern das *Hören*. Sein Zuspruch, sein Nennen unseres Namens, sein Blick verlangt nach einer Reaktion unsererseits. Nach einer Wendung. Nach einem Umdrehen. Nach einer Kontaktaufnahme. Nach einer Antwort.

9.

Lebenszweifel

Thomas und das Recht auf Zweifel

Thomaszweifel

hand aufs herz
spürst du das klopfen?

   ohne berührung
   schlägt der puls

hand an stirn
fühlst du das pochen?

   ohne betastung
   denkt das hirn

hand unterm kinn
trägst du die last?

   ohne stützung
   hält sich der kopf

du darfst berühren
zweifelnder

du kannst betasten
suchender

du wirst gestützt
wankender

Stellen wir uns vor: Voll vom Drang einer tiefen inneren Überzeugung verfasst man Texte, die einen Glauben an letztlich Unbeweisbares bekräftigen wollen. Worte, die andere davon überzeugen sollen, dass dieser Glaube wahr ist. Dass man sich auf ihn verlassen, in ihm leben, dass man mit diesem Glauben anders sterben kann. Konkret: den Glauben daran, dass Gott Jesus nicht im Tod gelassen, sondern auferweckt hat. Und dass von dort aus eine begründete Hoffnung besteht, dass auch unser Tod vor Gott nicht bestehen wird.

Darf man zweifeln?

Wenn man diese Botschaft verkünden will: Wird man da *Zweifel* an diesem Glauben in den Text hineinschreiben? Wird man von Anfang an mögliche Rückfragen und gegenläufige Gedanken mit aufnehmen? Alle rhetorischen Grundregeln sprechen gegen derartige Verfahren. Man wird im Gegenteil sämtliche zur Verfügung stehende sprachlichen Mittel aufbringen, um den möglichen Zweifel im Keim zu ersticken. Alles spricht dafür, die positiv angestrebte Botschaft so stark und klar wie möglich zu formulieren.

Genauso geht beispielsweise der Koran fast ausnahmslos vor: Zweifel, Klagen, innere Rückfragen an die Stimmigkeit der präsentierten Botschaft? – Fehlanzeige. Eine innere Spannung hinsichtlich der Präsentation des zentralen Glaubens wird hier vermieden. Es geht gerade um die Eindeutigkeit der göttlichen Botschaft. Sie soll den Menschen klare Kriterien zur rechten Lebensgestaltung bieten. Rechtleitung ist die oberste Richtschnur. Was sollen da Zweifel? Was soll da Raum für Deutung und ein Ringen um die Richtigkeit der Botschaft?

Wer *Ein*deutigkeit sucht, der mag sie hier finden. Nicht in der Bibel. Von Anfang an ist die Grundschrift von Juden und Christen anders konzipiert: *Zwei* Schöpfungserzählungen ohne innere Passung gleich ganz zu Beginn? Kein Problem! *Vier* Evangelien als einander in vielen Punkten widerstreitende Zugänge zum Jesusereignis? Grundlegend gesetzt als Herausforderung für Christen! Die Bibel traut Menschen zu, die eigene Herzenswahrheit in einem mühsamen Ringen um die Lebensbedeutung selbst zu finden. Anders gesagt: Gott setzt den Menschen nicht einfach *eine* zu befolgende Version von ›Wahrheit‹ vor, sondern baut auf ihre Mitarbeit des Deutens und Denkens. Tragisch, dass dieser zentrale Grundzug des Christentums durch den – stets missglückenden – Versuch bis heute unterlaufen wird, in ›Katechismen‹ vorgebliche Eindeutigkeit schaffen zu wollen. Ein Grundverstoß gegen die in Altem wie Neuem Testament immer wieder bezeugte biblische Art der Gottesrede!

Erste Erkenntnis also: Wer bis ins Letzte ausbuchstabierte Eindeutigkeit im Zugang zu Gott, im Verständnis von Ostern, in der Bestimmung von ›ewigem Leben‹ sucht, verfälscht die Mehrstimmigkeit der biblischen Zeugnisse in fundamentalistische Enge. Die Bibel traut uns Menschen zu, mit Vielstimmigkeit, mit Mehrdeutigkeit, ja: mit Widersprüchlichkeiten umgehen zu können. Erst durch den Prozess des Hörens, des Lesens, des Deutens und der individuellen Aneignung wird ›Offenbarung‹ konkret.

Zweite Erkenntnis: Anders als etwa im Koran kommen in diesen Deuteprozessen der Rückfrage, der Klage und sogar der Anklage wichtige und Erkenntnis fördernde Rollen zu. Die *Klage* ist jener Ernstfall der Gottesbeziehung, in der sie sich bewähren muss und kann. Tragfähige menschliche Beziehungen zeichnen sich dadurch aus, dass man in ihnen klagen darf. Das gilt auch für die Gottesbeziehung.

Ähnlich gilt: Der *Zweifel* stellt die Autorität Gottes nicht infrage, sondern stärkt sie, weil sie – anders als in den Fundamentalismen unterschiedlichster Couleur – integraler Bestandteil dieser Beziehung ist. Die biblische Spiritualität wäre ohne die fast schon blasphemischen Gottzweifel Hiobs oder die hart ringenden Anfragen der Klagepsalmen unvollständig. Klage und Zweifel können die tiefsten Ausdrucksformen biblischer Frömmigkeit sein, gerade *weil* sie Gott ernster nehmen als alle nur nickenden und zustimmenden Formen von Dank und Bitte. In einem Interview mit der Wochenzeitschrift DIE ZEIT vom neunten März 2017 bestätigt Papst Franziskus diese Auffassung nachdrücklich. Er sagt dort: »Ein Glaube, der nicht in die Krise gerät, um an ihr zu wachsen, bleibt infantil«.

Getsemani, die Zweifelsstunde Jesu

Der im Alten Testament profilierte Gedanke einer Frömmigkeit des Zweifels wird im Neuen Testament aufgegriffen und fortgeführt. Auch dort finden sich Thematisierungen von Krise, Klage und Zweifel. Von der im Psalm aufgerufenen ›Warum-Klage‹ des sterbenden Jesus am Kreuz war bereits die Rede. Aber eine weitere Grundszene der Passionserzählungen thematisiert den Zweifel Jesu selbst. Sie führt uns noch einmal zurück an den Anfang der Passion: Jesu Gebet im Garten Getsemani (fortan: Mk 14,32–34).

Jerusalempilger kennen die Szenerie: Hoch ragt auf der anderen Seite des Kidrontals der helle Sandstein der Stadtmauer Jerusalems auf. Gegenüber der karge, staubige, sanft ansteigende Garten mit den uralten, graugrünen, knorrigen Olivenbäumen. So ähnlich mag es damals ausgesehen haben. Hierhin zieht sich Jesus in der Nacht zurück, bevor er verhaftet, verhört, gefoltert, hingerichtet wird. Er kennt diesen zu einem Landgut gehörigen Garten und die sich dort befindliche Naturhöhle gut. Mehrfach wird dieser Ort Jesus und den Seinen als Ruheplatz, wohl auch als Nachtquartier gedient haben (vgl. *Bösen* 1994, S. 139). Getsemani markiert nicht zufällig einen der sichersten Fluchtwege aus der Stadt, wenn es zu Bedrohungen kommt. Von hier aus hat man immer noch die Chance zu entkommen. Auch der letzten Verhaftung.

Die letzte Nacht in Freiheit. Bei Jesus sind drei Begleiter, die engsten Vertrauten: Petrus, Jakobus und Johannes. Er will nicht allein sein in dieser schweren Stunde. Und bleibt es doch: An-statt mit ihm zu wachen, schlafen die Begleiter und Freunde ein. Menschlich. Aber wie enttäuschend für ihn! In dieser Stunde des Ringens um Gottes Willen und seinen Weg bleibt er allein.

Denn ein Ringen ist es: »Meine Seele ist zu Tode betrübt«, so gibt er – dem Markusevangelium zufolge, das hier ein Sprachbild aus Psalm 42 aufgreift – zu erkennen. Einsam in dieser Nacht wirft er sich auf den verdorrten Boden des Gartens und betet, »dass die Stunde, wenn möglich, an ihm vorübergehe«. Eine Bitte um Verschonung! Der Wunsch, die furchtbaren Wege der Passion nicht gehen zu müssen! Verbunden mit der unmittelbarsten Gottesanrede Jesu: »Abba, Vater«. Und dem Wissen: »Alles ist dir möglich. Nimm diesen Kelch von mir!« Klage und Zweifel am bestimmten Geschick mischen sich mit der verzweifelten Bitte, es möge anders weitergehen können. Sie münden freilich in die Einstimmung in das Vorherbestimmte: »Aber nicht, was ich will, sondern was du willst.«

Was für eine – von Matthäus und Lukas in weiten Teilen übernommene, teils in Einzelaspekten leicht veränderte – Szene, hineingeschrieben mitten in den Auftakt der Passionserzählungen! Sicherlich nachträglich von den Erzählern so konstruiert, denn wer hätte sie miterleben und weitererzählen können? Und doch voll tiefer Einfühlung. Nichts findet sich hier davon, dass Jesus schon alles im Voraus weiß, was mit ihm passieren wird. Er ahnt es vielleicht, und diese Ahnung lässt ihn innerlich erzittern und um eine andere Fortführung seines Lebens bitten. Keine ›Willenseinheit‹ von Vater und Sohn liegt hier vor. Alle späteren Spekulationen um die Dreifaltigkeit Gottes, um Trinität, werden hier in ihre eigentlich klaren Schranken gewiesen. Da ist Gott, der Angeredete und Angeflehte auf der einen Seite. Und auf der anderen ist der Mensch, *dieser* Mensch, verzweifelt, zutiefst aufgeschreckt, mit sich und dem Schicksal ringend, letztlich vergeblich nach einem Ausweg suchend. Mensch hier, Gott da. In klarer Rollenverteilung. Keine Mischung. Diese Dramaturgie bestimmt die Passion bis zum bitteren Ende.

Gewiss, am Ende dieser Szene stellt sich Jesu dem Weg, den er dann gehen muss. Er ordnet sich dem göttlichen Willen unter. Aber wie deutlich wird uns vor Augen gestellt, dass sein eigener Wille alles andere anstreben würde, hätte er dazu nur die Macht. Jesus fügt sich. Klagend und zweifelnd. Letztlich zustimmend. Getsemani bleibt ein Mahnmal, Jesus ganz und gar als Mensch zu sehen. Bis zuletzt.

Thomas, der unverständige Nachfrager

Der Zweifel als ständiger Schattenbegleiter des Glaubens zieht sich als ein Grundmotiv durch die ganze Bibel. Wie ernst gerade auch das Neue Testament die Integration der zweifelnden Rückfrage nimmt, wird vor allem an einer Figur deutlich, die explizit als *Verkörperung von Zweifel und Unglauben* gilt und in dieser Rolle in die christliche Traditionsgeschichte eingegangen ist. Gleichwohl wird er heute als Heiliger verehrt. Die Rede ist von Thomas, genannt Didymus, das heißt: »Zwilling«. In den synoptischen Evangelien wird er schlicht als einer der zwölf von Jesus ausgesuchten Apostel genannt (Mk 3,18). Diese Nennung innerhalb einer geschlossenen Namenskette findet in der Apostelgeschichte ihre Fortsetzung (Apg 1,12). Ein eigenes Gesicht, einen Charakter, eine Geschichte erhält er in diesen Texten mit keiner Silbe. Wir können und sollen ihn uns als Begleiter des öffentlichen Wirkens Jesu vorstellen.

Anders im Johannesevangelium! Nur dort erhält Thomas in drei Szenen ein eigenes Profil. Die beiden ersten Erzählfragmente dienen dabei primär der Vorbereitung auf die zentrale Szene. In Joh 11,7–16 wird berichtet, dass Jesus sich (wie fast immer) in Galiläa aufhält, als ihn die Nachricht vom Tod seines Freundes Lazarus erreicht. Er beschließt, zum Haus des Freundes zu ziehen, »um ihn aufzuwecken« (Joh 11,11). Das Haus des Lazarus liegt freilich in Betanien, unweit von Jerusalem und damit in Judäa. Und dort droht dem bereits umstrittenen Jesus – so erzählt es das Johannesevangelium – Gewalt bis hin zur Todesgefahr. Soll er trotzdem gehen?

Jesus ist fest zum Aufbruch entschlossen. Die bevorstehende Auferweckung des toten Freundes soll neben anderem einen bestimmten Zweck erfüllen: »Ich will, dass ihr glaubt« (Joh 11,15). Und just an diesem Punkt bringt sich der bislang völlig unprofilierte Apostel Thomas erstmals ins Spiel: »Lasst uns mit ihm gehen, um mit ihm zu sterben!«, sagt er zu den anderen Jüngern. Seine erste Äußerung: bei allem Mut und aller Entschlossenheit ein Missverständnis! Genau *das* wollte Jesus nicht. Sie sollen zwar mit ihm gehen, aber keineswegs mit ihm sterben. Das wird auch nicht ihr Schicksal sein! Wie Petrus und die anderen Jünger auch, versteht Thomas – der Freund und Lebensbegleiter Jesu – seinen Meister nicht. Das in vielen Einzelmotiven bezeugte ›*Jüngerunverständnis*‹, dem wie oben mehrfach angedeutet auch Petrus und Judas immer wieder unterworfen sind, erhält in Thomas ein spezifisches Profil.

Dieses Motiv setzt sich in der zweiten Szene fort, in der Thomas Didymus aus der Anonymität der Jüngerschar hervortritt. Das letzte Abendmahl Jesu. Im Johannesevangelium wird es als breit entfaltete Szene ausgestaltet, in der Jesus seine Jünger abschließend umfassend belehrt. Oder das zumindest versucht. So auch über den Weg, den er zu gehen hat. »Wohin ich gehe – den Weg dorthin kennt ihr« (Joh 14,4), erklärt er seinen Jüngern beispielsweise. Nur: Uns Lesenden geht es so wie den Jüngern damals: Nein, das wissen wir eben nicht. Zumindest nicht genau. Fast dankbar sind wir, dass Thomas nun ein zweites Mal das Wort ergreift: »Herr, wir wissen nicht, wohin du gehst. Wie können wir dann den Weg kennen?« (Joh 14,5) Gut gefragt, Thomas!

Erhält er, erhalten wir eine klare Antwort? Ein Katechismus würde nun einen Satz zum Auswendiglernen vorgeben: eindeutig, definierend, endgültig. Anders Jesus, laut Johannesevangelium. Ein Rätselspruch bildet die Antwort, uneindeutig, vielfach auslegbar, wunderbar mehrsinnig. Eine der bekanntesten Selbstbezeichnungen Jesu, die sich so nur in diesem Evangelium finden: »Ich bin der Weg und die Wahrheit und das Leben; niemand kommt zum Vater außer durch mich.« (Joh 14,6) Eine spirituelle Antwort, voller Tiefenweisheit – die der Auslegung und Einfühlung bedarf. Hat sie damals genügt? Wurde sie verstanden? Thomas fragt jedenfalls nicht weiter nach, aber andere Apostel wenden sich mit Folgefragen an Jesus. Nein, keine eindeutige Antwort. Die Fragen bleiben.

Thomas aber hat sich gleich *dreifach vorprofiliert*: Als aus der eher gesichtslosen Gruppe der Jünger und Apostel herausragende, mit eigener Sprechrolle versehene Figur; als treuer Jesusbegleiter und Jesusdeuter, der dessen Anliegen freilich wie fast alle seiner Freunde missversteht; als unverständiger Jesusbefrager, der ihn zu einem der wirkmächtigsten Antwortsätze des Neuen Testaments herausfordert. Er repräsentiert die ganze Jüngergruppe, charakterisiert als Grundtyp des »Glaubensblinden und Glaubensschwachen« (*Schnackenburg* 1975, S. 392). So vorbereitet kann es zu der zentralen Szene kommen, die im Johannesevangelium auf die oben intensiv betrachtete Erscheinung Jesu vor Maria Magdalena und auf die Erzählung der Erscheinung Jesu vor ›den Jüngern‹ (Joh 20,19–23) folgt.

Thomas der Zweifler

Denn einer, eben Thomas Didymus, war bei dieser Erscheinung Jesu vor ›allen‹ nicht dabei, so will es die Dramaturgie des Erzählfadens (fortan Joh 20,24–29). Warum er dabei nicht zugegen war, wird nicht gesagt. Sein Fehlen ist schlicht die dramaturgische Voraussetzung zur Ermöglichung der folgenden Erzählung. Die anderen Jünger berichten ihm nun aufgeregt und aufgewühlt von ihrer Erfahrung: »Wir haben den Herrn gesehen.« Wie reagiert man, wenn andere von einem solchen, völlig unfassbaren Ereignis berichten? Von etwas, das gegen sämtliche Prinzipien der Vernunft und der lebenslang gewachsenen persönlichen Überzeugung verstößt? Mit Unglauben. Mit Zweifel. Mit Skepsis.

So auch hier, Gott sei Dank. Denn die Reaktion des Thomas ist nur zu verständlich. *Das* kann man nicht glauben! »Dieser Zweifel ist alles andere als grundlos« (*Striet* 2015, S. 130). Thomas lässt sich freilich auch im Zweifel einen Ausweg offen, formuliert aus der Überzeugung heraus, dass die von ihm genannten Bedingungen ja doch nicht erfüllt werden können: »Wenn ich nicht das Mal der Nägel an seinen Händen sehe und wenn ich meinen Finger nicht in das Mal der Nägel und meine Hand nicht in seine Seite lege, glaube ich nicht.« Ein doppelter Unglaube: Er glaubt nicht seinen Apostel-Kollegen als Überbringer der Botschaft, aber auch nicht an die Auferweckung als *Inhalt* dieser Botschaft. Was will er also? Was wäre der einzige überzeugende Beweis gegen seinen Unglauben? Sehen *und* mit den Händen fühlen. Sinnlich gleich in doppelter Weise so wahrnehmen, dass kein Zweifel besteht. Erst dann wäre (s)ein Glaube möglich. Wie nachvollziehbar! Wie wunderbar, dass diese Figur hineingeschrieben wurde in die Bibel. Sie stellt Fragen und äußert Zweifel, die auch 2000 Jahre danach noch aktuell klingen wie je.

Was aber wird aus dieser erzählerischen Herausforderung, die einer Fortsetzung und Antwort bedarf? Acht Tage später, gleicher Ort, gleiches Personal, dieses Mal jedoch Thomas inklusive. Wieder tritt der auferweckte Jesus geheimnisvoll auf, »bei verschlossenen Türen«. Wieder begrüßt er die Seinen mit dem Schalom-Gruß: »Friede sei mit euch!« Ein Friede, der ein umfassend gelingendes Leben vor Gott und mit den Mitmenschen meint. Dann aber folgt jene dialogische Begegnung, die Generationen von Künstlerinnen und Künstlern immer wieder versucht haben, ins Bild oder in plastische Darstellung zu rücken (vgl. *Most* 2007), am eindrücklichsten gelungen vielleicht *Ernst Barlach* (1870–1938) in der Skulptur »Das Wiedersehen« (1930).

Jesus wendet sich vor allen anderen Thomas zu: »Streck deinen Finger hierher aus und sieh meine Hände! Streck deine Hand aus und leg sie in meine Seite und sei nicht ungläubig, sondern gläubig!« Gegen alle Erwartungen: Die Bedingungen, die Thomas benannt hatte, werden erfüllt: Er sieht und er darf fühlen! Wie sollte er da in seinem Unglauben bleiben? Der Provokateur wird gerechtfertigt. Der Zweifler darf gegen alles von ihm für möglich Gehaltene glauben!

Auffällig: Wieder einmal weist eine biblische Erzählung eine signifikante Lücke auf. Legt Thomas den Finger tatsächlich an die Wundmale? Berührt er tatsächlich die Seitenwunde mit der Hand? Die Erzählung schweigt hierüber. Von der Logik her ist diese empirische Überprüfung tatsächlich gerade nicht nötig. Wie bei Maria Magdalena in der zuvor erzählten Begegnungsgeschichte: Das Hören und Sehen sowie das auf alter Vertrautheit aufbauende Gespräch reichen völlig aus, um Thomas zu überzeugen. Ein Nebeneffekt: »Die Frage nach der physischen Realität dieses Leibes« bleibt »völlig offen« (*Most* 2007, S. 83). Nicht einmal die Frage, ob der Leib des Auferstandenen berührbar *wäre*, wird in dieser Erzählung letztlich geklärt.

Wie die Zeichnerin der Vignetten dieses Buches: Die meisten Künstler sind damit nicht zufrieden. Sie brauchen und gestalten – anders als die Bibel – gerade die Berührung, den taktil vollzogenen Beweis. *Patrick Roth*, dem wir den wunderbaren Gedanken der ›Magdalenensekunde‹ verdanken, versucht analog so etwas wie eine »Thomassekunde« zu konstruieren. Darunter versteht er just jenen Moment, »in dem er seine Hand in die Seite des Auferstandenen hält« (*Roth* 2002, S. 13). In dieser Urszene zur Verdeutlichung einer grundlegenden Einheit vor aller Trennung oder zu ihrer Überwindung sei – schreibt Roth euphorisch – »Schreiben und Leben noch ungetrennt« (ebd. S. 14).

Dieses Mal hat er weder genau gelesen, noch sich in die Dynamik der tatsächlich erfolgenden Schilderungen eingefühlt. Das Betasten, zeitgenössisch verstanden als »die sicherste Prüfung der Realität« (*Gnilka* 1983, S. 155), wird zwar in Aussicht gestellt, aber nicht vollzogen. Von einer tatsächlich erfolgenden Berührung steht nichts geschrieben, und sie ist auch erzählerisch unnötig, ja: kontraproduktiv. Die Sinnspitze besteht gerade darin, dass die Probe durch *Er*greifen nicht notwendig ist um zu *be*greifen. Die ›Thomassekunde‹ hat so nie stattgefunden, das ist der Clou. Das über das Hören bewirkte *innere* Einsehen braucht nicht den äußeren Beleg.

Jedenfalls: Thomas, so erzählt die Bibel es weiter, reagiert mit der Zustimmung und der auch an uns Lesende gerichteten Bezeugung seines Glaubens, eines eindeutigen Bekenntnisses: »Mein Herr und Gott!« Damit ist die tiefe Beziehung – durch Tod, Trauer und Unverständnis vermeintlich zerstört – wieder hergestellt. Neu hergestellt. Einen letzten Tadel fängt sich Thomas jedoch noch ein, allzu deutlich freilich eher an uns gerichtet, als in der Szene an ihn. Zunächst analysierend: »Weil du mich gesehen hast, glaubst du.« Gesehen steht hier, nicht befühlt! Aber selbst dieses Sehen-Wollen wird in seine Grenzen gewiesen: »Selig sind, die nicht sehen und doch glauben.« Doch, das richtet sich an uns. Wir können natürlich nicht sinnlich konkret ›fühlen‹, was Auferweckung bedeutet. Wir können es, anders als in dieser Erzählszene, auch nicht sehen. Unser Glaube muss auf beides verzichten. Aber Hören – und aus Gehörtem geronnene Erzählungen Lesen – können wir sehr wohl.

So also ist es von Anfang an. Wir sind *Thomas-Schülerinnen* und *Thomas-Schüler*, aber mit anderen Voraussetzungen. Uns bleibt nur jener Weg, den diese Erzählepisode weist:

* Das Hören ohne Sehen und Fühlen.
* Das Glauben ohne Beweise.
* Das Vertrauen auf die Apostel als Zeugen und Überlieferer einer wahrhaftigen Botschaft, sowie das Vertrauen auf ihn, den Auferweckten, als deren zentralen Inhalt und Wesen.
* Die Nachfolge in den Spuren des Thomas, die Zweifel kennt und zulässt, und die einen zuverlässigen Weg durch den Zweifel hindurch entwirft, der einen Glauben jenseits der Beweisbarkeit begründet.

Wie wunderbar, dass diese Geschichte erzählt wird! Dass Zweifel und Anfragen nicht verschwiegen werden. Dass sie Teil der Jesustradition selbst sind, nicht Aufbrüche aus der Zugehörigkeit der Glaubenden hinaus. Keine Rede kann davon sein, dass der Zweifel Thomas aus der Gruppe der Jünger ausschloss oder dass er sich selbst zurückgezogen hätte. Spätestens seit Thomas steht fest: Glaube und Zweifel gehören zusammen. Der Zweifel hat seinen Platz, in jeder Lebensgeschichte anders. Aber er muss – und soll – nicht das letzte Wort haben.

Was aus dem Apostel Thomas wurde, ist historisch unklar. Im – dem Johannesevangelium später hinzugefügten, aber in die Bibel aufgenommenen – »Epilog« wird noch einmal erzählt, dass der Auferweckte einigen Jüngern am See Gennesaret erscheint. Erstgenannt wird Simon Petrus, als Zweiter jedoch überraschend »Thomas, genannt Didymus« (Joh 21,2). Diese prominent platzierte

Erwähnung deutet darauf hin, dass Thomas tatsächlich als einer der herausragenden Apostel galt, zumindest in den Traditionen, auf die sich das Johannesevangelium bezieht. Und diese Deutelinie wird sich weiter entfalten.

Die Legende stattet ihn mit einem reich bebilderten Fortleben aus. Im Rahmen von Erzählungen über die – gänzlich unbiblische – ›Auffahrt Marias in den Himmel‹ erscheint er erneut als Zweifler. Nun erscheint ihm Maria zur Besänftigung seiner Zweifel und schenkt ihm als ›Beleg‹ ihren Gürtel. Dieser Gürtel wird fortan zu einem Symbol, das sich auf zahlreichen Bilddarstellungen als ikonografisches Identifikationszeichen des Thomas findet. Eine berührende, typologisch angeregte Fortschreibung der biblischen Tradition im Bereich des Mythos. Nicht mehr.

Wichtiger: Einige außerbiblische Schriften berufen sich im Namen auf Thomas: das ebenso benannte, um das Jahr 140 n. Chr. verfasste »Thomasevangelium« (vgl. *van Ruysbeck / Messing* 1993), die »Kindheitserzählungen des Thomas« (um 200), die »Thomasakten« (um 225), schließlich die »Psalmen des Thomas« (um 240) und weitere. Sie ermöglichen spannende Einblicke in frühchristliche Traditionen des zweiten und dritten Jahrhunderts. Ihr Verfasser war jedoch sicherlich nicht der Apostel, dessen Autorität sie sich im Namensbezug ausleihen.

Historisch umstrittener ist die Frage, ob Thomas sich nach dem Tod Jesu als erster Missionar nach Indien wandte, so eine Tradition, die schon bis in das dritte christliche Jahrhundert zurückreicht. Das indische Christentum, die sogenannten ›Thomas-Christen‹, berufen sich bis heute auf diese für ihre Identität zentrale Tradition.

Dort habe er gewirkt und dort sei er begraben. Dort werden seine Reliquien verehrt. Der historische Haftpunkt dieser Tradition lässt sich ähnlich bestimmen wie die Tradition des Grabs der ›Heiligen Drei Könige‹ (vgl. *Langenhorst* 2016, S. 207–222) im Kölner Dom: früh bezeugt; spirituell wirkmächtig; historisch unwahrscheinlich, wenn auch im Blick auf einen Kern nicht völlig unmöglich; hinsichtlich der Wirkungsgeschichte jedoch von größter Bedeutung, der eine eigene Würde zukommt.

Die Lebensspuren des Apostels Thomas verlieren sich letztlich in den Nebeln der Geschichte. Er hatte seinen unvergesslichen und unvergleichlichen Auftritt. Er hat seine Rolle gespielt und spielt sie bis heute. Der Ungläubige, der glaubend wird; der Zweifler, der seinen Zweifel überwindet. Der Jünger Jesu, der dem Unglauben und Zweifel ein Gesicht gibt und in der Geschichte des Mannes aus Nazaret verankert. Die Figur, mit welcher der Evangelist Johannes »seine Leser zu einem vertieften Christusglauben zu führen« (*Schnackenburg* 1975, S. 399) versucht.

Theodor Weißenborn: Glaubens-Zweifel

Der poetische Text dieser Abteilung führt uns zu *Theodor Weißenborn* (*1933), einem produktiven, in der Eifel lebenden Erzähler, Lyriker und Essayisten, der immer im Schatten der großen Öffentlichkeit agiert hat. Im Jahr 1992 erschien sein Buch »Blasphemie«, eine – laut Untertitel – Ansammlung von lyrischen ›Ärgernissen‹ und ›Bessernissen‹ zur Meditation und Diskussion. Dort findet sich unter der Überschrift »Glaubens-Zweifel« (*Weißenborn* 1992, S. 51) der folgende Text.

Glaubens-Zweifel

Mein Glaube
schützt meinen Zweifel
und bewahrt mich
vor der Verzweiflung.

Mein Zweifel
schützt meinen Glauben
und bewahrt mich
vor dem Aberglauben.

Mein Glaube entspringt
der Verzweiflung,
mein Zweifel entspringt
dem Aberglauben.

Glaube und Zweifel
schützen einander
vor sich selbst.

Theodor Weißenborn

Schmucklose, aphoristisch formulierte Verse ergründen die untrennbare innere Verbindung von Glauben und Zweifel. Beide sind ohne das je andere unvollständig. Die erste Versgruppe richtet den

Blick auf den Glauben. Er erfüllt gleich zwei wichtige Funktionen: Er »schützt« und trägt den Zweifel, lässt aber keine letztendliche Verzweiflung zu. In der zweiten Versgruppe rückt der Zweifel in den Mittelpunkt. Er »schützt« seinerseits den Glauben, indem er ihn davor bewahrt, in die Fundamentalismen eines Aberglaubens abzusinken. Die gegenseitige Durchdringung und Abhängigkeit geht jedoch noch tiefer. In der dritten Versgruppe wird deutlich, dass der Glaube eben jener Verzweiflung »entspringt«, vor der er letztlich bewahrt. Wie umgekehrt der Zweifel jenem Aberglauben entstammt, dem er letztlich nicht anheimfällt. Ein dichtes Gedanken-Geflecht! Die letzte Versgruppe ist schon formal als eine Art Quintessenz gestaltet: An die Stelle der Vierzeiler rückt ein auch metrisch und rhythmisch eigengestalteter Dreizeiler. Letztlich schützen Glaube und Zweifel einander vor den Abgründen von Verzweiflung und Aberglauben.

Fragen wir von diesen Gedanken ausgehend nach: Warum braucht es den Thomas, der wie ein Ahnherr dieser Verse wirkt? Warum führt der Weg in vorgebliche Eindeutigkeit und Unerschütterlichkeit letztlich ins Abseits? Was sind die Gefahren eines Koranverständnisses und einer Katechismushermeneutik, die auf Einlinigkeit setzen – was in beiden Fällen nicht die einzige Verstehensmöglichkeit ist? Das *Zweifeln* kann dann zur unersetzlichen *religiösen Tugend* werden, wenn es vor den Versuchungen der Festlegungen bewahrt. So gesehen kann man mit *Kurt Marti* festhalten: »Auch die Fähigkeit zu zweifeln ist eine Gabe Gottes.« (*Marti* 2005, S. 65) Der Jesuit *Franz Meures* betont, dass der »Osterglaube als Teilhabe an der Gottesferne zu verstehen ist«. Die

Auskunft der Engel am Grab »Er ist nicht hier« (Mt 28,6) bleibt Teil des Glaubens und weist Phasen von »Zweifel, Versuchungen und Unglaube« (*Meures* 2014, S. 62) als konstitutive Elemente des Christentums aus.

Das in diesem Buch immer wieder aufgerufene analoge Verständnis theologischer Rede spricht von vornherein gegen allzu eindeutige Setzungen. Um Gott und seine Wege muss man ringen. Man kann sich ihm mit dem Verstand annähern, ihn mit purer Logik aber nie erreichen. Der Zweifel des Thomas ist wie ein Warnfinger hinein in die Fallstricke jedweder zu engen dogmatischen Festzurrung menschlicher Erkenntnismöglichkeiten, die nur all zu leicht in einem Aberglauben enden.

Aber nicht nur das: Thomas weist auch eine andere menschliche Ur-Versuchung von sich, die der Verzweiflung. Die der völligen Absage an jegliche Möglichkeit des Glaubens. Die der Resignation. Mit Thomas kann man lernen, *mit* allen Fragen, durch allen Zweifel, in allem Suchen und Ringen Wege zum Glauben zu finden. Wenngleich mit einem fundamentalen Unterschied: Bei dem Apostel Thomas mögen die dazu eingeschlagenen Wege die eines einmaligen Erkenntnisprozesses gewesen sein. Für uns wird es häufig ein Weg in Spiralen sein: Phasen von Zweifel und Phasen von Glauben mögen sich abwechseln oder sogar gleichzeitig durchdringen. Immer wieder neu. Nicht einmal geklärt und dann für alle Zeiten durchtragend, sondern kreisförmig. Mit Thomas lässt sich die Hoffnung begründen: Es sind nicht Spiralen und Kreise, die aussichtslos nach unten oder verbittert nach innen ziehen, sondern nach außen und ›nach oben‹.

10.

Herzbrennen

Weggefährten auf dem Weg
nach Hause

Emmaus

brannte uns nicht
das herz
vor sehnsucht

summte uns nicht
die stirn
von worten

träumte uns nicht
ein weg
voll hoffnung

beim brotbrechen
erkennen wir
ihn

beim schriftlesen
erschließt er sich
uns

im mitgehen
zeigt er
sich

Wie soll man das bezeugen: dass Jesus nicht im Tod geblieben ist,
sondern auferweckt wurde und ›lebt‹? Wir haben schon gesehen,

dass man diese Botschaft nur ver-dichten und erzählen kann: in Andeutung, in Sprachbildern, in der Hoffnung darauf, dass Hörende und Lesende sich auf die so umkleidete und immer wieder neu zu entdeckende Tiefenwahrheit einlassen. Ein jeglicher direkter Zugriff ist unmöglich. Aber reicht das aus?

Diese Frage stellen sich ganz offensichtlich auch die Evangelisten. Und beantworten sie je auf unterschiedliche Weise. Einig sind sie sich darin, dass man diese Überzeugung am besten so erzählt, dass man den auferweckten Jesus ›erscheinen‹ lässt: vor ausgesuchten Zeuginnen und Zeugen wie Maria Magdalena, Petrus und Thomas, aber auch allgemein vor ›den Jüngern‹, ja vor großen Zeugenversammlungen. Fest steht: Ohne Berichte von derartigen Erscheinungen hätte sich der Auferweckungsglaube kaum so rasch verbreiten können. Er ist ein elementarer Bestandteil der allerfrühesten christlichen Überlieferungsschichten. Ausblenden oder ›Wegrationalisieren‹ kann man ihn nicht.

Rufen wir uns jedoch gleich die Warnung vor Augen: Eine einfache Identität des ›Erscheinenden‹ mit dem irdischen Jesus gibt es nicht. Maria Magdalena, jahrelange Weggefährtin und Augenzeugin der Kreuzigung, erkennt ihn zunächst nicht! Thomas, ebenfalls ein Freund und Begleiter, glaubt erst einmal nicht an die Realität der ihm berichteten Erscheinung. Und fast durchgängig wird die Erzählung davon vermieden, dass man den Erscheinenden, der so mühelos wie rätselhaft durch geschlossene Türen zu ihnen tritt, leibhaftig berühren könnte. Schon im Neuen Testament gilt also: *Wie* man diese Erscheinungen verstehen kann, wie man sie deutet, bleibt umstritten.

Darauf weist auch die Logik der Erscheinungsorte hin. Markus und Matthäus legen Wert darauf, dass Jesus zwar in Jerusalem gestorben ist, seinen Jüngern jedoch in Galiläa erscheint, zuerst dem Petrus, dann den anderen. Dort, wo er und sie zuhause sind. Dort, wo er gelebt und gewirkt hat. Die symbolisch verschlüsselte Botschaft ist klar: Auferweckung erfährt man im Rahmen der vertrauten Umgebung. Anders bei Johannes und Lukas. Sie legen größten Wert darauf, dass Jerusalem auch der Ort der Ersterscheinungen ist. Hier, im Zentrum des Judentums, spielt sich ihnen zufolge das Zentralgeschehen ab. Hier, nur hier, werden die Frauen zu den Erstzeuginnen der Auferweckung. Beide Traditionen – die in Galiläa und die in Jerusalem – werden gleichzeitig und unabhängig voneinander entstanden sein. Beide waren so wertvoll, dass sie – trotz Widersprüchlichkeiten – überliefert wurden. Auch die damit benannten Unterschiede weisen darauf hin: Erscheinungen sind Teil einer Erzählstrategie, Element eines narrativen Plans. Die Rückfrage nach dem historischen Substrat *hinter* den Erzählungen führt in den Bereich der Spekulationen.

Erscheinungen des Auferweckten

Schauen wir näher hin: Welche Aussagen und Erzählziele finden sich in den einzelnen Evangelien? Auffällig zunächst: Das älteste Evangelium, *Markus*, verzichtet in seiner Urform ganz auf Erzählungen von Erscheinungen des Auferweckten. Es begnügt sich mit der in die Zukunft weisenden Ankündigung, dass die Jünger ihn sehen *werden*, »wie er es euch vorausgesagt hat« (Mk, 16,7). Wo? Nicht in Jerusalem, sondern in Galiläa, wohin er ihnen vorausgegangen sei, so verkündet es jener ›junge Mann in weißem Gewand‹, der hier ja zum göttlichen Boten wird.

Gleich doppelt aufschlussreich: Nicht Jerusalem wird hier als Ort der Erscheinungen genannt, sondern Galiläa, das Land aus dem Jesus stammt, in dem er gelebt und gewirkt hat, aus dem fast alle seine Jünger und Apostel stammen. Hier, im vertrauten Umfeld, sind Erscheinungen stimmig platziert. Nicht in Jerusalem. Und mehr noch: Markus vertraut darauf, dass aus seinem Evangelium heraus klar wird, dass diese Erscheinungen dort auch erfolgen werden. Dass die Lesenden diese Logik verstanden haben, ohne dass er selbst noch solche Berichte anfügen müsste.

Das war optimistisch. Die Botschaft von der Auferweckung ist offensichtlich so unglaublich, dass es als erzählerischen Beleg Erscheinungsberichte braucht. In der heute in der Bibel abgedruckten Fassung findet sich überall der sogenannte ›sekundäre Markusschluss‹, später hinzugefügt und geprägt von knapp zusammengefassten Erscheinungserzählungen aus den anderen Evangelien. Dieser Sachverhalt ist keine wissenschaftliche Einzelthese, sondern plausible bibelwissenschaftliche Erkenntnis. Selbst die Einheitsübersetzung nimmt die Erklärung in eine Anmerkung auf, dass sich dieser Abschnitt »nicht bei den ältesten Textzeugen« findet, sondern »eine im 2. Jahrhundert entstandene« Hinzufügung darstellt. Erzählerisch war die Notwendigkeit dieser Hinzufügung offensichtlich so groß, dass man – als ganz große Ausnahme – eine derartige Zufügung zum ursprünglichen Text zuließ.

Alle anderen Evangelien integrieren deshalb von vornherein Berichte von Erscheinungen in den jeweiligen Originaltext. Offenbar lässt sich nur so überzeugend von Auferweckung erzählen. *Matthäus* hält sie freilich kurz: Der oben skizzierte Bericht von den Frauen am Grab, eine weitere ganz kurze Erwähnung einer weiteren Erscheinung, bei der die Frauen sich vor ihm niederwerfen und seine Füße »umfassten« (Mt 28,9), die prophezeite Erscheinung Jesu vor den – ohne Judas – elf Aposteln »auf dem Berg« (Mt 28,16) in Galiläa, all das in knappen, nicht ausgeschmückten Versen. Matthäus bleibt hier sparsam. Nur er erwähnt dabei explizit eine Berührung des Auferstandenen, rhetorisch eingebunden, um die »Realität seiner Leiblichkeit« (*Gnilka* 1988, S. 495) zu betonen. Auffällig, dass dieser Gedanke nur einmal und fast wie nebenbei eingespielt wird. Grundsätzlich gilt für Matthäus: Der Kern des Osterglaubens braucht keine zu ausschweifenden Erzählungen.

Anders bei Johannes und Lukas. Ihnen verdanken wir die schönsten Auferweckungserzählungen. *Johannes* wurde schon ausreichend gewürdigt: mit den Geschichten um Maria von Magdalas Begegnung mit dem Auferweckten vor dem Grab und um den Zweifler Thomas, ergänzt um die knappe Erscheinung vor ›allen Jüngern‹ hat er sich tief in die Ostertradition eingeschrieben. Bleibt der Blick auf das *Lukasevangelium*.

Lukas schreibt für ein städtisches, nicht-jüdisches Lesepublikum. Er rechnet mit gebildeten Leserinnen und Lesern, skeptisch, nachfragend. Nicht so leicht zu überzeugen. Ihnen muss man noch einmal anders von den Erscheinungen berichten. Dass Jesus in Galiläa erscheint – zentral für jüdische Lesende! – interessiert ihn nicht, weil das seinen Lesern nichts sagt. Also lässt er diesen Hinweis weg. Jerusalem bleibt sein Handlungsort. Wie im Johannesevangelium erscheint Jesus auch hier allgemein ›den Jüngern‹. Aber nun braucht es handfestere Beweise. Nur ein Sehen, nur ein Hören – hier reicht es nicht aus. Weniger den Jüngern in der Szene als uns später Lesenden beteuert Jesus: »Seht meine Hände und Füße an: Ich bin es selbst. Fasst mich doch an und begreift: Kein Geist hat Fleisch und Knochen, wie ihr es bei mir seht.« (Lk 24,39)

Wie beim zweifelnden Thomas: Ob die Jünger die taktile Probe tatsächlich vollziehen, bleibt ungesagt. Und unnötig. Die Erzählstrategie jedenfalls ist klar: Der Auferweckte ist nicht bloß ein ›Geist‹, darauf kommt es an. Gegen ein derartiges Missverständnis wird diese Szene so erzählt. Nur hier. Wie immer man sich die Erscheinungen vorstellen soll: Es geht nicht um eine bloße Vision, nicht um eine geisthafte Präsenz. Sondern um eine Realität. Dieser Gedanke ist Lukas so wichtig, dass er noch deutlicher wird. Die Jünger reichen Jesus auf dessen Bitte hin ein Stück gebratenen Fisch und »er nahm es und aß es vor ihren Augen« (Lk 24,43). Keine andere Erzählung arbeitet mit derart realer Motivik. Lukas glaubt, nur so seine Lesenden überzeugen zu können.

Spätestens an dieser Stelle müssen wir uns der Frage zuwenden, wie man diese Texte verstehen kann. Handelt es sich dabei um freie, erzählerischer Fantasie entsprungene, aus pädagogischen Gründen erdachte innerbiblische Legenden oder aber um kamera-artig eingefangene Erinnerungen von Augenzeugen? Zunächst müssen wir uns erneut klarmachen: Keiner der Autoren dieser Szenen war selbst ein derartiger Augenzeuge. Niemand von ihnen war persönlich dabei. Sie übernehmen bereits gestaltete Berichte von anderen. Wie verlässlich diese sind, welche Formungen sie über die Jahrzehnte bis zur Niederschrift erfahren haben, lässt sich kaum mehr erheben. Die unterschiedliche Art der Gestaltung in den vier Evangelien lässt aber in jedem Fall auf verschiedenartig ablaufende Prozesse der Traditionsbildung schließen.

Was kann man, was darf man von diesen Berichten glauben? Zwei Lesarten bleiben nebeneinander bestehen, beide für Gläubige möglich. Gewiss kann man mit Fug und Recht daran glauben, dass der Auferweckte seinen Jüngern ›leibhaftig‹ erschienen ist, auch wenn unklar bleiben muss, *wie* man sich das ganz genau vorstellen soll. Die unterschiedlichen Erzählungen gehen dann auf echte Erfahrungen zurück, die später sicherlich literarisch ausgekleidet wurden. Selbst der auferweckungsskeptische Neutestamentler Gerd Lüdemann geht davon aus: »Diese Erscheinungen sind nicht zu leugnen.« (*Lüdemann/Özen* 1995, S. 78)

Entscheidend in dieser Verstehensoption: Ihnen liegen reale Ereignisse zugrunde. Man *kann* davon ausgehen, dass man die Erscheinungen durch Mikrofone und Kameras hätte aufnehmen können, wenn es damals die technischen Möglichkeiten gegeben hätte. All das kann man und darf man glauben. Die Frage ist: *Muss* man das als Christ glauben? Sind diese Vorstellungen Teil einer verbindlichen Lehre? Oder gibt es andere Möglichkeiten, die Rede von den Erscheinungen ganz ernst zu nehmen, aber eben anders?

Zumindest denkbar erscheint es, diese Erzählungen von den Erscheinungen Jesu als – wunderbare – Möglichkeit zu verstehen, in *bildlicher Verdichtung* davon zu sprechen, dass Menschen eine tiefe

Gotteserfahrung zuteilwurde. Dass sie mit innerer Sicherheit spürten, dass Gott Jesus aus dem Tod erweckt hat. Dass er ganz real, aber ganz unfassbar ›weiter lebt‹. Und dass es dafür menschlich verständliche Bilder und Symbole geben muss, die dann schon in den Evangelien selbst entwickelt wurden in unterschiedlicher Intensität und Ausprägung. Auffällig bleibt ja, dass der Auferweckte – mit Ausnahme von Paulus – ausschließlich seinen Anhängern erschien. Wie wirkkräftig wäre eine Erscheinung vor Skeptikern und Gegnern gewesen! Offenbar war jedoch ein – wenn auch im Einzelfall zweifelnder – Glaube, war die innere Beziehung Voraussetzung. Von einem objektiven, historisch greifbaren Geschehen wird nirgendwo erzählt. Subjektive Tiefenerfahrungen hingegen lagen mit Sicherheit vor. *Darf* man als Christ also an die Erscheinungen des Auferweckten glauben? – Aber ja!

Muss man als Christ daran glauben? Auffällig: In keinem der späteren christlichen Glaubensbekenntnisse wird ein derartiges Bekenntnis gefordert. Sehr wohl handelt es sich dabei um eine christliche Vorstellung mit alter Tradition. Aber sie steht nicht im Zentrum des Glaubens. Die Kirche selbst spricht im Blick auf ihre Überzeugungen von einer ›Hierarchie der Wahrheiten‹. Der Glaube an konkrete Erscheinungen steht nicht auf einer höheren Sprosse dieser Hierarchie-Leiter. Gerade jenseits einer Buchstabengläubigkeit aber kann man die Rede von derartigen Erscheinungen sehr wohl schätzen. Als urbildhafte Verdichtung des Glaubens daran, dass Gott Jesus aus dem Tod erweckt hat. Als Kristallisation der begründeten Sehnsucht, dass Gott die Macht hat, auch uns nicht im Reich des Todes zu belassen, sondern auf ewig

›in seiner Hand zu halten‹. Als Kondensat der Überzeugung, dass Mensch und Gott in einer auf Ewigkeit hin angelegten Beziehung stehen: nicht auf Augenhöhe, nicht mit gleicher Sprache, nicht in gleicher ›Materie‹ – aber realer als es alle menschlich beweisbare ›Wirklichkeit‹ sein könnte.

Auf dem Weg nach Emmaus

Keine andere biblische Erzählung weist mehr auf diese zweite Lesart hin als jene Erzählung von den Jüngern auf dem Weg nach Emmaus, die uns allein Lukas überliefert (fortan: Lk 24,13–35). In seiner narrativen Logik handelt es sich um die erste Erscheinung des Auferweckten. Am Abend des dritten Tages nach der Kreuzigung sind zwei Jünger unterwegs von Jerusalem in das Dorf Emmaus, »sechzig Stadien« entfernt. Nach heutigem Entfernungsmaß entsprechen dem ungefähr zwölf Kilometer. Historisch umstritten bleibt, welcher Ort damit ganz konkret bezeichnet wird. Gleich drei heutige Dörfer streiten sich um den prestigeträchtigen Anspruch, die Stätte der biblisch bezeugten »warmen Quellen« zu sein, denn das heißt Emmaus wörtlich übersetzt. Warum sie dort hingehen? Erzähllogisch, wenn auch explizit unerwähnt, deutet alles darauf hin, dass sie von dort stammen und dort wohnen. Zwei verwirrte, zukunftsungewisse Jünger auf dem Weg nach Hause.

Einer der beiden wird namentlich genannt: »Kleopas«, ein Name, der nur hier auftaucht. Wieder eine jener biblischen Figuren mit einem Blitzauftritt, mit einer auf eine Szene beschränkten Rolle. Der

Zweite zu gleichem Ziel und zu gleichem Zuhause Gehende bleibt unbenannt. Durchaus möglich, wenn nicht sogar wahrscheinlich, dass es sich dabei um eine Frau handeln könnte. Sogar: seine Frau. Das würde den gemeinsamen Weg und das gemeinsame Zuhause erklären, auch die Tatsache, dass einer der Namen unerwähnt bleibt. Trotzdem hat die christliche Traditionsgeschichte diese Vermutung weitgehend ignoriert. Zeit für eine Gegenlektüre?

Unterwegs sind die zwei im Gespräch »über all das, was sich ereignet hatte«. Wie so oft: Die Jüngerinnen und Jünger Jesu wissen zunächst nicht, wie sie das Erlebte und Bezeugte deuten sollen. »Verwunderung« (Lk 24,12) und Verwirrung überall. Dann wird es endgültig rätselhaft: Ganz plötzlich, ohne alle Vorbereitung, »kam Jesus selbst hinzu und ging mit ihnen«. Woher er kam, wie er aussah – all das bleibt unerzählt. Entscheidend: Sie, seine langjährigen Weggefährten, erkennen ihn nicht. Das gleiche Motiv wie in der Erzählung von Maria Magdalena am geöffneten Grab: Mit ›normalem‹ Blick kann man den Auferweckten nicht erkennen.

Warum nicht? Lukas denkt auch hier an seine eher rationalen römischen Leserinnen und Leser und fügt erklärend hinzu: »Doch ihre Augen waren gehalten, sodass sie ihn nicht erkannten.« Eine seltsame Begrifflichkeit wählt die neu revidierte Einheitsübersetzung. Die Augen »waren gehalten«, sie ›wurden gehindert‹. In der Textversion von 1980 stand verständlicher: »sie waren wie mit Blindheit geschlagen«. Zentral: Das letztlich entscheidende Sehen in die Tiefenschichten von Wahrheit ist ihnen verstellt. In allen Osterberichten findet sich dieses *Nichterkennen des Auferweckten* als stereotypes Motiv. So also auch hier.

Dem seltsamen Auftritt Jesu in dieser Szene entspricht sein mindestens genauso seltsamer Abgang. Am Ende erst »wurden ihre Augen aufgetan und sie erkannten ihn«. Der Prozess zum richtigen Sehen führt durchaus zum erhofften Ergebnis. Aber was ist die unmittelbare Folge dieser neu erlangten Fähigkeit, richtig, mit offenen Augen, zu sehen? »Und er entschwand ihren Blicken«. Sobald sie ›richtig sehen‹ können, verschwindet der Auferweckte! Richtiges Sehen, im Herzen von der Wahrheit der Auferweckung erfasst sein, impliziert einen radikalen Blickwechsel. Du erkennst im Herzen, jetzt aber nicht mehr mit den Augen. Der sich Zeigende entzieht sich, sobald du identifikatorisch zugreifen und ihn festlegen willst. Die Emmaus-Geschichte dient so als grundlegender Schlüssel zum Verständnis von Ostern.

Was geschieht zwischen Auftritt und Abgang Jesu in dieser Erzählung? Die zwei Heimkehrer und der unerkannte Jesus geraten ins Gespräch: Sie schildern ihm ihre Erlebnisse und ihre Verwirrtheit, er versucht ihnen das Erlebte zu erklären und zu deuten. Der Auferweckte wird zum Theologen. Er legt ihnen dar, »ausgehend von Mose und allen Propheten, was in der gesamten Schrift über ihn geschrieben steht«. Diese Predigt und theologische Rede hätten wir auch gern gehört. Das wäre schon spannend, Jesus als Selbstdeuter.

Schade, sie ist nicht überliefert. Deutlich wird hingegen etwas anderes: der Prozess, wie die Jünger nach Ostern versucht haben, das Erlebte und Bezeugte zu verstehen. Sie lasen in ihren Heiligen Schriften. Suchten nach Hinweis um Hinweis, um aus der Tradition des Alten Testaments heraus Jesus zu verstehen. Erinnerten sich vielleicht an Aussagen Jesu, die nun, im Licht von Kreuz und Aufweckungsglaube, eine neue Plausibilität erlangten. So entstanden die ersten theologischen Osterdeutungen als Folge von neuen Auslegungen der Schrift (vgl. Joh 20,9). So erschienen die erinnerten Worte und Werke des Propheten Jesus in neuer Gesamtschau. So versuchte man die Katastrophe des Kreuzes der Sinnlosigkeit zu entreißen.

Zurück zu den drei Weggefährten. Abends erreichen die beiden Emmaus-Rückkehrer ihr Ziel und bitten den noch nicht identifizierten Begleiter, im gemeinsamen Haus ihr Gast zu sein. Er willigt ein. Sie sitzen bei Tisch. Auch in normalen Umständen eine denkbare Szene: Der dazu ermunterte Gast übernimmt die Rolle des Hausherrn, spricht den üblichen jüdischen Lobpreis und bricht das Brot, reicht es den Tischkumpanen. Cum Pane, Menschen, die das Brot teilen. Dieses Mal geschieht jedoch mehr: Ihre vormals »gehaltenen« Augen werden »aufgetan und sie erkannten ihn«. Auffällig: Beide Male geht es nicht um ein aktives, eigengewirktes Erkennen, sondern um ein passives Sich-Erkennen-*Lassen*. Die Initiative geht jedes Mal von Gott aus. Die Anspielungen auf das letzte Abendmahl sind offensichtlich. Sie, die beiden Emmaus-Wanderer, müssen mit dabei gewesen sein. Jetzt blitzt die Erinnerung in ihnen auf: diese Geste, diese Worte. Er, er selbst ist es! Er hat sich ihnen zu erkennen gegeben, von selbst hätten sie ihn nicht erkannt.

Aber eben zentral: Im Moment des Erkennens entzieht er sich, verschwindet. Sofort und unmittelbar. Die zum wahren Sehen hin geöffneten Augen erkennen etwas, das nicht sichtbar ist. Das

»äußere Sehen hat also« hier wie in anderen Erscheinungserzählungen »nur sehr bedingt Wert für die Erkenntnis des Glaubens«
(*Trummer* 2016, S. 153). Hier gibt es keine rationale Erklärung. Es
geht um eine Realität, die mit dem *inneren* Auge erkennbar ist. Nur
so. Lukas setzt Erkenntnis-Impulse, die klarer kaum sein könnten.
Mit den Emmaus-Jüngern Sehen-Lernen heißt, einen Blick für die
Tiefenwahrheit aufzubauen und weiterzuentwickeln. Darum geht
es im Ostergeschehen.

Genau hier liegt auch die Sinnspitze dieser Geschichte, deren
historischer Gehalt unmöglich rekonstruierbar ist. Das Ziel der Erzählung liegt darin, dass die Hörenden und Lesenden sich dadurch
»fesseln und wie die beiden Jünger vom Auferstandenen selbst zum
festen Glauben an ihn führen lassen« (*Kremer* 1988, S. 243). *Wir*
sind im Blick. Wir sollen etwas Grundlegendes lernen. Daraufhin
wurde diese Geschichte erzählt.

Die beiden angekommenen Wegwanderer prägen abschließend
einen Satz, der zu den wichtigsten spirituellen Grund-Sätzen des
Neuen Testaments wird, aufgegriffen in völlig verschiedenartigen
Kontexten. Lesen wir sie unter der (möglichen) Perspektive, dass
Eheleute zueinander sprechen: »Brannte nicht unser Herz in uns,
als er unterwegs mit uns redete und uns den Sinn der Schrift eröff-
nete?« Das *Herz* ist die menschliche Instanz, um die es hier geht.
Mit dem Herz ahnst du, erkennst du, was die normalen, »gehaltenen« Augen nicht sehen. Nicht sehen können oder wollen. Ja, da
gibt es Auslegungen der Schrift, wichtig und unverzichtbar für
den Verstand. Aber wenn dein Herz nicht brennt, nützen dir alle
kluge Einsichten nichts. Ein – rational gestützter – Glaube im

Gefolge der Emmaus-Jünger: Er lässt sich mit dem anderen Blick auf Wirklichkeit erkennen, wenn er im Herzen erwogen wird und sich dort entfaltet.

Kleopas und der Gefährte (oder die Gefährtin) wissen, was zu tun ist. Zurück geht es nach Jerusalem, dort berichten sie den Jüngern – und uns Lesenden – von dem gegen alle Zweifel als »wirklich« hervorgehobenen Erlebten … und entschwinden aus dem Weltgeschehen. Ein zweites Mal: Schade! Zu gern wüsste man, wie die zwei Emmaus-Glaubenden danach weitergelebt haben. Was aus ihrem Herzbrennen und ihrem Blick-Wechsel geworden ist. Wie ein Alltag ausgesehen haben mag als Weiter-Leben mit diesen zwei grundlegenden Veränderungen. Da wir es nicht wissen, müssen wir selbst die Antwort leben. Wir haben gute Vorbilder. Denn was für wunderbare Lehrmeister des Osterglaubens sind das: Maria von Magdala, Thomas der Zweifler, die beiden Emmaus-Jünger!

Andreas Knapp: Osterspaziergang

Kommen wir zu einem ganz besonderen Oster-Lehrer unserer Zeit. Eines der drei diesem Buch vorangestellten Mottos stammt von ihm: *Andreas Knapp* (*1958). Schon sein Lebenslauf ist ungewöhnlich: Alles lief auf eine glänzende katholische Kirchenkarriere hinaus: Theologiestudium in Freiburg und Rom, Priesterweihe, Promotion, Tätigkeiten als Hochschulpfarrer, dann als Regens des Freiburger Priesterseminars. Unversehens der Bruch, der bei genauem Hinsehen keiner war, sondern sich untergründig angedeutet hatte. Knapp wendete sich ab von dem vorgespurten Weg in die kirchliche Hierarchie und schloss sich den »kleinen Brüdern vom Evangelium« an, einer geistlichen Gemeinschaft, die sich dem spirituellen Erbe *Charles de Foucaulds* (1858–1916) verpflichtet weiß. Mehrere Jahre lang verbrachte er als Armer unter Armen in Frankreich und Bolivien. Seit einiger Zeit lebt er nun in Leipzig, arbeitet mit halber Stelle als Gefängnisseelsorger, zugleich ein Priester und Poet, ein Pfarrer und Schriftsteller, ein Arbeiter mit Hand, Stift und Seele.

Andreas Knapps Gedichte zählen zu den am weitesten verbreiteten und sprachlich eindrucksvollsten Beispielen von spiritueller Poesie in unserer Zeit. Im Würzburger Echter-Verlag sind seit mehr als zehn Jahren mehrere Gedichtbände erschienen, inzwischen zum größten Teil in immer wieder neuen Auflagen: »Weiter als der Horizont. Gedichte über alles hinaus« (2002), »Brennender als Feuer. Geistliche Gedichte« (2004), ›Tiefer als das Meer. Gedichte zum Glauben« (2005), »Gedichte auf Leben und Tod« (2008), »Höher als der Himmel. Göttliche Gedichte« (2010) sowie »Heller als das Licht. Biblische Gedichte« (2014). 2016 folgte ein thematisch auf Ostern bezogener Band mit Gedichten und Erzähltexten: »Das Ende vom Ende. Geschichten gegen den Tod«, 2017 ein Band mit »Naturgedichten« unter dem Titel »Beim Anblick eines Grashalms«.

Die in all diesen Bänden nachzulesenden poetischen Texte sind unmittelbare geistliche Lyrik, immer wieder zentral bezogen auf die Bibel oder das Kirchenjahr, auf Heilige oder auf religiöses

Brauchtum. Die Bände bestehen aus Meditationen oder geistlichen Reflexionen, Gedankenpoesie oder lyrischen Gebeten. All das setzt einen religiösen Kosmos voraus und zielt in eine religiös gedeutete Welt hinein. Die Rezeption dieser Bände erfolgt so vor allem im binnenkirchlichen, noch präziser: im katholischen Milieu. Dort freilich erfreuen sich die Texte des Priesterpoeten großer Beliebtheit. Kein anderer deutschsprachiger Autor der Gegenwart wird im Bereich der spirituellen Poesie so viel gelesen wie Andreas Knapp.

Und das völlig zu Recht. Knapp weiß, was Sprache heute kann und darf. Er fällt nicht zurück in inhaltliche oder formale Vorgaben der klassischen christlichen Literatur der 1950er-Jahre, die damals ihre Stimmigkeit und Passgenauigkeit hatten, heute aber fragwürdig, anbiedernd und klischeehaft wirken müssten. Keine Rückkehr zu einer kirchlichen Bestätigungsdichtung, keine Rückwendung zu weitgehend verbrauchten lyrischen Stilmitteln wie Reim, Strophik, stereotypen Bildworten. Knapp ist ein Sprach- und ein Gottsucher, der gleichzeitig sucht und bereits gefunden hat – sowohl eine Sprache, denn seine Gedichte sind in einem nun schon klar erkennbaren ›Knapp-Ton‹ gehalten, als auch den Glauben, denn seine Texte verbleiben nicht in Zweifel und Unbestimmtheit, sondern wagen Affirmation und Bestätigung.

Wir konzentrieren uns hier auf einen Text, der erstmals 2014 im Band »Heller als Licht« erschien (*Knapp* 2014, S. 72):

osterspaziergang

in aussichtsloser nacht
ein totenlicht ans grab bringen

aufbruchstimmung am wegrand
es knospen die ersten kreuzblütler

wer aber wälzt
den stein vom herzen

der neue morgen öffnet mir
engelgleich die augen

bei licht besehen
ist das grab kein endlager mehr

überwältigt betrete ich
den aufwachraum ins unbegrenzte

Andreas Knapp

Auch in diesen reimlosen Doppelversen geht es um einen Osterspaziergang, hier freilich zum Grab Jesu. Motive des Besuchs der Erzählung um die Frauen am Grab klingen an. Sie mischen sich mit heutigen Perspektiven. Zeitgleich nimmt uns der Gedichtsprecher mit zu seinem heutigen, wenn auch imaginären Gang an das Grab Jesu.

Die doppelte Zeitebene zeigt sich schon im ersten Zweiervers. Der frühmorgendlich-nächtliche Gang zum Grab dient nicht mehr der – in unserem Kulturraum unüblichen – Salbung mit Ölen, sondern dem Aufstellen eines Grablichtes. Der vom ersten Tageslicht ermöglichte Blick fällt auf den Wegesrand, wo Blumen erste Knospen treiben. Aufgerufen wird so eine Frühlingsstimmung, ein Neuanfang, symbolisiert im Erwachen der Natur. Dass ausgerechnet »Kreuzblütler« benannt werden – also etwa Blaukissen oder Levkojen, durchaus mögliche Grabblumen – hat primär symbolische Bedeutung. Dem Kreuz wachsen Blüten, aus dem Kreuz erwächst Leben …

In der dritten Versgruppe wendet sich der Blick nach innen. Die Aufbruchstimmung betrifft die eigene Spiritualität. Ja, auch hier gilt es einen Stein fortzuwälzen, aber es ist der Stein unserer Herzen. Es geht um die Verhinderung jener Erkenntnis, welche die Emmaus-Jünger in diesem Bild beschrieben. Was hindert unsere Herzen daran, in der Wahrheit zu ›brennen‹? Mit dieser Frage endet der erste Teil des Gedichts.

Die drei Folgedoppelverse zeigen Perspektiven auf. Es bleibt nicht bei der poetischen Problemschilderung und Frage, sondern gleitet über zu angebotenen Leitlinien. Wie den Emmaus-Jüngern, so werden auch unsere Augen geöffnet zum wahren Sehen. Als sei es durch das Wirken von Engeln. Deren ›tatsächliches Erscheinen‹ es dazu nicht braucht. Im Licht des Ostermorgens kann man anders sehen lernen. Alles. Das ganze Leben. Und über die Grenzen des Todes hinaus. »Bei Licht besehen«, nach Aufhebung der Schranken des »gehaltenen« Sehens, ist alles anders. Gerade auch der Blick auf den Tod. »Kein Endlager«, weder im Blick auf Jesus, noch für uns. Das ist der Osterglaube. Die Zumutung, der Zuspruch, die neue Sicht des Neuen Testaments.

Was folgt daraus für uns? Im letzten Doppelvers schildert das Gedicht die mögliche Konsequenz, vorgeprägt durch den Gedicht-sprecher. Er ist »überwältigt«, verändert wie Maria Magdalena vor dem Grab, wie Thomas nach der Begegnung, wie die Emmaus-Jün-ger, nachdem ihnen die Augen aufgegangen sind. Wohin führt sein Weg an diesem Ostermorgen, wohin lädt er ein zum Mitgehen: in den »Aufwachraum ins Unbegrenzte«. Das verspricht Ostern: Aufzuwachen zu einer neuen Art, das Leben zu sehen. Den Blick zu ändern auf eine Unbegrenzheit, in welcher der Tod vieles ver-ändert, aber nicht alles. Herzvertrauen zu spüren, dass Gott die Grenzen unseres Sehens, Denkens und Vorstellens sprengt, gerade im Blick auf ein ›ewiges Leben‹.

11.

Freispruch

Römer 6,1-14

Paulus als Oster-Deuter

Botschaft

wenn das stimmt
sind wir
frei

wenn das stimmt
sind wir
gleich

wenn das stimmt
sind wir
reich

wenn das stimmt
sind wir
auf ewig
bei GOTT

Er kannte Jesus von Nazaret nicht, ist ihm nie begegnet. Er war
weder Augenzeuge von Passion oder Kreuzigung in Jerusalem
noch der Ereignisse danach: Schaul, später ausschließlich genannt
bei dem vielfach als Zusatznamen bezeugten »Paulus«, wörtlich
»der Kleine«. Um die Zeitenwende herum wird er geboren sein,
aufgewachsen in der umtriebigen Hafenstadt Tarsus in der Süd-
türkei nahe an der syrischen Grenze. Er war grundlegend anders
als alle anderen Jünger und Apostel. Ein Stadtkind, von früh auf
gewohnt an ein buntes Gemisch von Sprachen und Kulturen. Er
selbst spricht und schreibt die Bildungssprache Griechisch per-

fekt. Ein gebildeter Diasporajude, der seine Religion immer nur im Kontext von Minderheit und misstrauischer Beäugung kennt.

Für Juden völlig ungewöhnlich: Paulus besaß die römische Staatsbürgerschaft, wahrscheinlich ererbt über außergewöhnliche Verdienste eines seiner Vorfahren. Einen Handwerkerberuf hat er erlernt, er ist Zeltmacher. Immer wieder betont er, dass er sich zeitlebens durch eigener Hände Arbeit ernährt und nicht auf Kosten anderer lebt. Gleichzeitig hat er – für Juden nicht ungewöhnlich – eine gründliche rabbinische Ausbildung zum Tora-Lehrer genossen, möglicherweise beim weithin berühmten Rabbi Gamaliel in Jerusalem. Vielleicht hat er hier Jahre der Ausbildung zum Rabbiner verbracht. Jerusalem kannte er als pharisäisch geprägter frommer Jude sowieso von Pilgerfahrten an den Tempel zu den Hochfesten.

Wenig deutete darauf hin, dass dieser historisch sicher greifbare Mann (vgl. etwa: *Gnilka* 1996) – ein tief religiöser Eiferer – jemals in die Geschichte Jesu eindringen würde. Und dass das Christentum ohne ihn, den ›Völkerapostel‹, so gar nicht denkbar gewesen wäre, und das gleich dreifach.

✳ Wie kein anderer wird er sich um die Gründung und den weiteren Aufbau von ersten christlichen Gemeinden in den nicht jüdischen Ländern kümmern. Unermüdlich bereiste er die heutigen Gebiete von Syrien, der Türkei und Griechenland. Am Ende führte ihn sein Weg ins Herzstück der damaligen Welt: nach Rom.

✳ Da er nicht an allen der von ihm betreuten Orten gleichzeitig sein kann, schreibt er den Gemeinden und Mitarbeitern Briefe. Das Corpus der gesammelten Paulusbriefe bildet die älteste

Textschicht des Neuen Testaments. Seine Bedeutung ist so umfassend, dass man nach seinem Tod weitere Briefe schreiben
wird, die seine Autorschaft benutzten. Auch solche – ›pseud-
epigrafischen‹ – Paulus-Briefe wurden in das Neue Testament
aufgenommen.

❋ In seinen Predigten und Briefen prägte er maßgeblich die
christliche Theologie. Ohne seine kreativen und Grenzen
sprengenden Deutungen wäre das Christentum wahrscheinlich
eine binnenjüdische Splittergruppe mit kurzer Lebensdauer geblieben. Zentral für ihn und damit für das Christentum überhaupt: die Deutung von Karfreitag und Ostern.

Ein eigen-artiger Apostel

Bevor wir diese Deutungen charakterisieren, muss die Frage beleuchtet werden, wie denn dieser ›Fremde‹, der Jesus gar nicht
kannte, überhaupt zum Christentum kam. Wir beschränken uns
auf wenige, zur Fragestellung des Buches wichtige Facetten. Informationen über die Berufung und überhaupt: über die Biogra-
fie des Paulus findet sich in seinen eigenen Briefen, aber auch in
der später, nach dem Jahr 80, verfassten Apostelgeschichte, die de
facto vor allem seine Geschichte narrativ entfaltet. »Mit größtem
Eifer« habe er sich für »die Überlieferung meiner Väter« (Gal 1,14)
eingesetzt, schreibt er im Brief an die Gemeinde in Galatien. »Ich
verfolgte voll Eifer die Kirche« (Phil 3,6), im Philipperbrief. Er war,
soviel wird deutlich, ein energischer Gegner dieser neuen jüdischen

Splittergruppe, die sich auf den hingerichteten und angeblich ›auferweckten‹ Jesus von Nazaret berief. Selbst Steinigungen wie die des ersten christlichen Märtyrers Stephanus fanden seine explizite Zustimmung (vgl. Apg 8,1).

Ausschließlich er selbst kann bezeugen, was dann, zwei oder drei Jahre nach dem Tod Jesu, in der Nähe von Damaskus geschah. Wir müssen es ihm glauben. Die Apostelgeschichte – einzige zur Verfügung stehende Quelle – erzählt es so: Plötzlich »geschah es, dass ihn […] ein Licht vom Himmel umstrahlte. Er stürzte zu Boden und hörte, wie eine Stimme zu ihm sagte: Saul, Saul, warum verfolgst du mich? Er antwortete: Wer bist du, Herr? Dieser sagte: Ich bin Jesus, den du verfolgst.« (Apg 9,3 f.) Drei Tage lang war er blind, heißt es, und konnte nichts essen. Erst langsam kam er zu sich und versuchte zu verstehen, was mit ihm passiert war.

Nur hier wird also von einer Christuserscheinung, einer Christusvision erzählt, die einem Menschen zuteilwird, der Jesus zuvor nicht kannte, auch wenn er sich als Verfolger der frühen Christen intensiv mit den Geschichten und Erzählungen um ihn befasst haben wird. Aus ›heiterem Himmel‹ erfolgte also auch diese Christuserscheinung nicht. Jedenfalls: Immer wieder wird Paulus sich darauf berufen, direkt von Christus und allein »durch seine Gnade« (Gal 1,15) berufen worden zu sein.

Was das wirklich hieß, wird er in einem drei Jahre dauernden Erkenntnisprozess mühsam selbst erfasst haben. Dann zog er nach Jerusalem, traf dort mit Simon Petrus und dem Herrenbruder Jakobus zusammen. Er wird von ihnen viel über den ihm unbekannten Menschen Jesus von Nazaret erfahren haben. Dann zieht er sich wieder zurück, jahrelang. Um sich dann plötzlich mit unfassbarer Energie an das Werk seiner ›Heidenmission‹ zu machen. Unermüdlich. Streitlustig. Umstritten. Mehrere Male wird er davongejagt, misshandelt, ins Gefängnis gesteckt. Immer wieder gerät er mit den ursprünglichen Jesusjüngern in Streit – namentlich auch mit Simon Petrus –, die weder seine Rolle noch seine Deutungen akzeptieren.

Ein solcher Konflikt mit Vertretern der Urgemeinde führt zu einer Gefangennahme und einem Prozess in Jerusalem, der wahrscheinlich mit einer Verurteilung zum Tode endet, diese zumindest androhte. Als römischer Staatsbürger steht ihm jedoch eine Überprüfung vor einem Gericht in Rom zu. Diese klagt er ein. Er wird nach Rom eingeschifft, wo er nach stürmischer Fahrt mit ungeplanter Zwischenlandung auf Malta wohl auch ankommt. Dort habe er – laut Apostelgeschichte – noch zwei Jahre lang unter Bewachung gewohnt, allerdings predigen und missionarisch wirken können. Danach verliert sich seine historische Spur. Aufzeichnungen oder Dokumente über einen Prozess oder über sein Ende gibt es nicht. Man rechnet mit seinem Tod um das Jahr 64. Als römischer Staatsbürger durfte er in keinem Fall gekreuzigt werden, wie es ja von dem Nicht-Römer Simon Petrus erzählt wird. Falls auch Paulus in Rom hingerichtet wurde, dann durch das Schwert.

Wie auch im Blick auf seinen großen Mitstreiter und Widersacher Petrus, wird die Legende schon bald von einem tatsächlich dort erfolgenden Märtyrertod berichten. Beider Grabstätten werden von früh auf in Rom verehrt. Historisch ist das durchaus möglich, manche sagen: wahrscheinlich. Erweisen lässt es sich nach Stand der heutigen Überprüfbarkeit nicht.

Auferweckt mit Christus

Ganze Bibliotheken hat man über Paulus und seine Theologie geschrieben. Hier müssen einige Schlaglichter genügen. Ein erster entscheidender Grundzug: Jesus selbst stellt ganz und gar den Glauben an Gott, seinen Vater und auch ›unseren Vater‹, in den Mittelpunkt seiner Botschaft und seines Wirkens. Wir sollen *mit ihm* glauben. Die Evangelisten bezeugen darüber hinaus das Aufkommen des Glaubens an Jesus. Wir sollen *auch an ihn*, an sein Wesen als Messias und Gottessohn sowie an seine Auferweckung glauben. Bei Paulus wendet sich der Fokus endgültig: Christus, der Auferweckte, der Einzige, den er ›kennt‹, rückt ins Zentrum seiner Verkündigung. *An Christus* zu glauben ist für Paulus der Kern. Aber dieser Glaube ist kompliziert. Gerade für ihn, den hochgebildeten Rabbiner, ist vor allem die Art des Todes Jesu, seine Hinrichtung am Kreuz »anstößig und erklärungsbedürftig« (*Schreiber* 2015, S. 234). Kreuz und Auferweckung geraten von daher ins Zentrum seiner Überlegungen. Nicht *mit* Jesus sondern *an* Christus zu glauben: Diese Perspektivenverschiebung wird das Christentum bis heute maßgeblich prägen.

Das wird schon am zweiten Grundzug der Botschaft des Paulus deutlich: Im ersten Brief an die Gemeinde in Korinth überliefert Paulus jene *urchristliche Glaubensformel*, die er bereits übernimmt. Sie geht zurück bis in die früheste christliche Traditionsstufe. In seinem Brief wird sie erstmals, etwas mehr als zwanzig Jahre nach dem Tod Jesu, schriftlich fixiert. Er habe, schreibt Paulus, die Gemeinde an seine mündliche Botschaft erinnernd,

»euch überliefert, was auch ich empfangen habe:

Christus ist für unsere Sünden gestorben,

gemäß der Schrift,

und ist begraben worden.

Er ist am dritten Tag auferweckt worden,

gemäß der Schrift,

und erschien dem Kephas, dann den Zwölf.« (1 Kor 15,3–5)

Dieser in Versform (!) überlieferte Text ist das älteste Credo, das älteste Glaubensbekenntnis des Christentums. Es sind Sätze, »ohne die der christliche Glaube nicht möglich ist« (*Klauck* 1984, S. 107). Sie legen auch eindeutig fest, dass ›Auf*erweckung*‹ der passende Begriff ist, nicht das gleichwohl viel gebräuchlichere Wort der ›Auf*erstehung*‹. Gott wirkt an Jesus das Wunder der Weckung aus dem Tod. Jesus selbst kann im Tod nichts wirken. Die Initiative und Kraft geht von Gott aus. ›Auferstehung‹ suggeriert irreführender Weise die Fähigkeit zu einem eigenständigen Handeln. Davon ist zunächst weder im Blick auf Jesus, geschweige denn im Blick auf uns die Rede. Gott allein ist der Auferweckende, das ist der ursprüngliche, biblische Kerngedanke.

Dieser Auferweckungsglaube erhält seine Glaub-Würdigkeit durch Verweise auf die Erscheinungen des Auferweckten vor »Kephas«, also Petrus, dann auch vor den zwölf Aposteln. Die Tradition, dass Judas nicht mehr dabei war, kennt Paulus offensichtlich nicht. Er fügt vielmehr an, dass der Auferweckte dann auch vor »mehr als fünfhundert Brüdern zugleich« (1 Kor 15,6) erschienen sei. Paulus folgt hier also der von Markus und Matthäus später gleichfalls bevorzugten Traditionslinie, dass Christus zunächst in Galiläa erschienen ist.

Auffällig: Die Tradition der Erscheinungen in Jerusalem, den Erzählungen von Frauen als Erscheinungszeuginnen, die Hervorhebung von Maria aus Magdala erwähnt er nicht. Vielleicht deshalb, weil Frauen nach jüdischem Prozessrecht kein qualifiziertes Urteil ablegen konnten. Schade! Die Evangelisten wird das nicht stören. Im Gegenteil! Die Aussagen des Apostels Paulus über Frauen werden dieser Tendenz allgemein entsprechen. Er, der lebenslang Unverheiratete, wird damit eine hochproblematische Tradition der Zurückstufung von Frauen mitbegründen. Sie ist freilich hier nicht unser Thema.

Für uns zentral: Alle narrativen Annäherungen der Evangelisten an Ostern wurden erst viele Jahrzehnte später niedergeschrieben. Am Anfang steht ein versifiziertes Credo: Gestorben – auferweckt – erschienen, wie es den Schriften des Alten Testaments entspricht. Diese Trias bildet das Grundgerüst. Verbunden mit einer Zielperspektive: »für unsere Sünden«. Unser Leben soll sich ändern, hat sich grundlegend geändert.

Dieser Kerngedanke wird an anderen Stellen deutlicher: Die Auferweckung Jesu ist die erste, aber eben nicht die letzte. So wie Gläubige in und durch Christus leben, so sterben sie mit ihm; so werden sie mit ihm auferstehen. »Denn wie in Adam alle sterben« – Urschicksal alles Lebendigen, alles Geschaffenen – »so werden in Christus alle lebendig gemacht« (1 Kor 15,22). Paulus bekräftigt immer wieder: Durch Christus ist die Macht des Todes besiegt. Durch ihn gelangen alle Glaubenden zum ›ewigen Leben‹. Und im Licht dieses Glaubens lässt sich auch schon das irdische Leben ganz neu betrachten. »Wir wurden ja mit ihm begraben durch die Taufe auf den Tod, damit auch wir [...] in der Wirklichkeit des neuen Lebens wandeln« (Röm 6,4), schreibt Paulus im Römerbrief.

Wie gelangen wir zu diesem ›neuen Leben‹? Als Jude ist es Paulus zunächst entscheidend wichtig, dass das Judentum seine Würde als Gottesvolk behält. In Israel zeigt sich Gott ganz und heilswirkend. Nichts wird zurückgenommen. Aber: Die Gebote und Gesetze Gottes, eigentlich eine ideale Rechtleitung, führen nicht zu gelingendem Leben, weil wir Menschen sie nicht erfüllen können. Weil wir immer wieder an den Ansprüchen von richtigem Leben scheitern. Im Blick auf Ostern wird deshalb deutlich: Christus befreit gerade auch die Scheiternden. Das Licht der Auferweckung durchdringt unseren Lebensmischmasch aus Gelingendem und Scheiterndem, Gutem wie Bösem, Starkem wie Schwachem. Das alles zählt letztlich nicht. Entscheidend ist allein das Vertrauen, der Glaube, dass Gott unser Leben trägt, auch über die Schwelle des Todes. Starke Gedanken. Schwierige Gedanken.

Dritter Grundzug der paulinischen Theologie: Die Konsequenzen aus diesen Gedanken sind klar. Nein, Heiden müssen nicht erst Juden werden, bevor sie Teil der Christusgemeinschaft werden können. So hatten es die meisten Mitglieder der Jerusalemer Urgemeinde gefordert, darunter alle Jesusbegleiter. Dann aber wäre die Bewegung eine rein innerjüdische geblieben. Anders Paulus: Die ›frohe Botschaft‹ gilt vorbehaltlos allen. Egal aus welchem Volk, egal welchen Geschlechts, egal aus welchem sozialen Stand. Was für eine soziale Revolution! Welche Befreiung zu Gleichheit! Der Glutkern des Christentums ist gezündet: Von hier aus wird diese Bewegung die Welt verändern, und das bis heute.

Auferweckt? Wie?

Die Auferweckung Jesu wird – Paulus zufolge – auch unsere Auferweckung nach dem Tod bewirken. Wir sind nicht länger gefesselt an die erbarmungslose Konzentration auf die ›Sünde‹, auf unsere Fehler, unser Scheitern, unser Ungenügen – eine paulinische Vorstellung, die eher seinem damaligen Menschen- und Weltbild entsprach als den Grundvorstellungen unseres heutigen Lebens. Aber: *Wie* soll das geschehen? Wie darf man sich das vorstellen?

Diese Fragen wurden schon damals gestellt. Paulus stellt sich ihnen: »Nun könnte einer fragen: *Wie* werden die Toten auferweckt, was für einen Leib werden sie haben?« (1 Kor 15,34) In der Tat, das könnte einer fragen. Mehr noch: Das ist eine Urfrage, die Gläubige immer noch millionenfach stellen. Im Blick auf die Erzählungen in den Evangelien haben wir gesehen, dass ein Doppeltes deutlich werden soll: Der auferweckte Jesus ist nicht nur eine Vision oder ein Geist. Sondern ›real‹, in einer Art ›Leib‹, der gleichwohl nicht mit dem vorherigen Körper identisch ist. Keiner seiner Lebensfreunde erkennt ›ihn‹! Es bleibt schwer bis unmöglich, die konkrete ›Form‹ zu beschreiben. Gleichwohl ist unzweideutig, dass es sich dabei um genau diese Person handelt. Ihre Identität ist klar erkennbar.

Paulus versucht ähnliche Antworten auf die ihm gestellten Fragen. Ohne es explizit zu wissen, greift auch er hierbei zu der einzig möglichen Bildsprache, der analogen. Es gebe beides, schreibt er, den »irdischen Leib« und den »überirdischen Leib« (1 Kor 15,45). Sie sind zwar in Identität verbunden, aber auch ganz anders. Das Irdische ist wie Gesätes. Es wird vergehen. Aus ihm wird anderes entstehen, in ganz neuer Gestalt. Zwischen beiden gibt es einen qualitativen Sprung, der allein auf Gottes Schöpfermacht zurückgeht. Unser stofflicher Leib, ›Fleisch und Blut‹, wird und darf verfallen. Es gibt einen klaren Einschnitt: »das Verwesliche erbt nicht das Unverwesliche« (1 Kor 15,50). Kein einfacher Übergang, kein unmerkliches Hinübergleiten! Sondern eine grundlegende *Verwandlung*, die gleichwohl die ureigene Identität bewahrt. Als würde man eine gänzlich neue und gänzlich andere Kleidung anziehen. »Wenn sich aber dieses Verwesliche mit Unverweslichkeit bekleidet und dieses Sterbliche mit Unsterblichkeit, dann erfüllt sich das Wort der Schrift« (1 Kor 15,54).

Paulus schreibt in komplizierter Sprache und sucht schwierige Bilder. Sie angemessen zu übersetzen, ist schwer. Dieser Apostel ist ein sperriger Sprachsucher, dem zu oft die gelungene Ver-Dichtung gerade nicht gelingt. Und wenn er derartig verdichtete Texte in sein Schreiben aufnimmt, so wie den wunderbaren poetischen Preisgesang auf Glaube, Liebe und Hoffnung in 1 Kor 13, dann stammen diese Passagen wohl nicht von ihm selbst, sondern wurden als »vorgefertigtes Material« (*Klauck* 1984, S. 94) übernommen. Auch die Gesetze gelingender Narration sind Paulus weitgehend fremd. Das mag man als kreative Einführung einer »völlig neuen

Sprache« feiern und hervorheben, dass er »die Kultsprache mög-
lichst vermeidet« (*Trummer* 2016, S. 52). Der Verzicht auf gelin-
gende poetische Verdichtung und narrative Umkreisung kostet
jedoch einen hohen Preis.

Paulus versucht Systematisierungen, gewiss. Sie bleiben jedoch
vielfach kompliziert und hölzern. Und haben in der Theologie-
geschichte so vor allem solche Deuter angelockt, die ähnlich ab-
strakt und kompliziert formulieren. Auffällig: Die Evangelisten
kannten sie, die Kurzformeln des Glaubens, die schon Paulus über-
nahm, aber auch seine eigenen komplizierten Sprachversuche. Und
entschieden sich unabhängig voneinander dazu, anders vorzuge-
hen. Sie erst finden zu der Sprachform, die Ostern gerecht wird:
der Erzählung. Das wirkt wie eine innerbiblische Korrektur. Mit
den Evangelisten kann man folgern: Schön und gut, wir brauchen
sie, diese bekenntnishaften Kurzformeln. Zum Glauben führen sie
letztlich nicht. Dazu braucht es die wunderbaren Erzählungen um
Maria Magdalena, Thomas und die Emmaus-Jünger. Sie mögen
späteren Datums sein, aber letztlich entsprechen sie dem österlichen Geheimnis besser.

Ein weiteres Problem: Die Ausgangsbedingungen der paulinischen Theologie, etwa sein Menschenbild – also die Überzeugung, dass der aus sich heraus rettungslos zum Scheitern verurteilte
Mensch überhaupt einer ›Rechtfertigung‹ bedürfe – werden heute
nur noch von wenigen geteilt. Deshalb sind viele der sich daraus
entwickelnden Vorstellungen problematisch, oftmals hinsichtlich
ihrer Anschlussfähigkeit in unsere Zeit weitgehend wirkungslos.
Das theologische Absprungbrett des Paulus zeigt in eine Richtung,

die heute ins Niemandsland weist. So manche seiner »alten Denkmuster« sollte man in der Tat »auf sich beruhen« (*Trummer* 2016, S. 65) lassen. Sie »sind vielfach zur Leerformel erstarrt« (*Pemsel-Maier* 2016, S. 76) und haben »heute keine Plausibilität mehr« (ebd., S. 168). Seine im Zeitkontext kreativen Ausdeutungen erfolgten zudem unter der Vorgabe, dass Christus bald, noch zu seinen Lebzeiten, ›wiederkehren‹ würde, dass damit diese Weltzeit an ihr Ende käme. Er entwirft theologisch ein ›Kurzzeitprogramm‹. Und hat sich darin fundamental getäuscht.

Was heißt das für seine Theologie? Viele Fragen bleiben. Paulus: Im Denken kreativ, in der sprachlichen Fassung oft sperrig. Auch seine Aussagen über Tod und Auferweckung unterliegen dieser Vorgabe. Sie bedürfen der Ausgestaltung. Doch zuvor ein lyrischer Zwischenblick:

Franz Werfel: Der Tod des Paulus

Kein anderer deutschjüdischer Autor von Rang hat sich so sehr und so stark getragen von innerer Empathie mit dem Christentum auseinandergesetzt, ohne jedoch zum Christentum zu konvertieren, wie *Franz Werfel* (1890–1945). Gerade Paulus steht im Mittelpunkt seines Ringens um die Auslotung des Verhältnisses von Judentum und Christentum. 1926 veröffentlichte er das bis heute in Dramaturgie und Theologie lesenswerte Drama »Paulus unter den Juden«. Das 1927 erstmals veröffentlichte Gedicht »Der Tod des Paulus« entstand sozusagen als Randprodukt dieser intensiven Beschäftigung, die biografisch für Werfel herausfordernd blieb. Es hätte keine besser geeignete persönliche Identifikationsfigur gerade für ihn geben können als diesen Juden Paulus, der sein Jude-Sein in der Begegnung mit Christus aufsprengt und doch ganz und gar Jude blieb.

Werfel versetzt seine lyrische Auseinandersetzung mit Paulus in die Arena der christlichen Märtyrer in Rom. Wie kann man sich das Ende dieses Getriebenen, Berufenen, dieses Christus-Besessenen vorstellen? Wie sah er, der Verkünder der Auferweckung in Christus, seinem eignen Ende entgegen?

Der Tod des Paulus
(Ein Epilog)

Auf seinem schwarzen Koffer, wie ihn Soldaten haben,
Hockt Rabbi Schaul, der Alte und schweigt vor sich her,
Doch die Andern, den Kopf im Tallis vergraben
Nicken und beten, alte Juden, wie er.

Ihren Kerker durchsickern Romas Aborte.
Selbst der Krug und das Brot sind scheußlich befleckt.
Immer noch nichts! Sie warten auf die Kohorte,
Welche das Todesurteil Cäsars vollstreckt.

Schaul weiß nichts mehr von den durchmessenen Reichen,
Nichts von Damaskus, dem Anschrei des Feuerscheins,
Nichts von Verfolgung, von Schiffbruch, von Rutenstreichen,
Von den fünfmal Vierzig weniger eins.

Nur noch Straßen, grelle, rennen und drängen
Ihm vor den Augen, Straßen steinig und schlecht,
Straßen sieht er am Himmel des Kerkers hängen,
Seine Straßen, ein blendendes Blitzgeflecht.

Nun sich die anderen Stimmen steigern und paaren
Zu dem Segen, wie er geboten steht,
Wenn man auszieht, um heim nach Zion zu fahren,
Singt und nickt auch der Rabbi das heilige Gebet.

Und er sieht nach der Sonne, die hoch schon geklommen,
Wie ein Reisender ausschaut nach seinem Schiff,
Ungeduldig nach hause, nach haus zu kommen,
Heim zu Messias, zu Israels Inbegriff.

Franz Werfel

Das sechsstrophige Gedicht – konventionell gebaut in kreuzreimi-
gen Vierversstrophen – malt ein psychologisch ausdeutendes lite-
rarisches Gemälde. Paulus, am Ende wieder bei seinem ursprünglichen jüdischen Namen »Schaul« genannt, blickt auf sein Leben
zurück. Ein Jude unter anderen eingekerkerten Juden in Rom,
weggesperrt in die schaurigen Verliese, in banger Erwartung der
kurz bevorstehenden Vollstreckung des Todesurteils in der Arena.
Keine Rede ist hier von einer Sonderbehandlung des römischen
Staatsbürgers. Überhaupt: Was bleibt von seinem umtriebigen
Leben? Ein »schwarzer Koffer« – wie von einem Soldaten – kennzeichnet ihn als pflichtbewussten ›Soldaten des Glaubens‹. Was

bleibt an Bildern von all den Reisen und Begegnungen? Nicht die Faszination der bereisten Länder und Orte, auch nicht die Erinnerung an Qualen und Erniedrigungen. Allein ein undurchschaubares Gewirr von den Wegen und Straßen, die ihm nun wie ein »Blitzgeflecht« scheinen.

Herausgerissen aus diesen selbstversunkenen und krampfhaften Erinnerungen wird er durch den Betgesang der anderen Juden rings um ihn herum. Sie haben den Betmantel (»Tallis«) umgelegt und beschließen ihr Gebet ritualgemäß mit der Beschwörung ihrer messianischen Hoffnung auf die Rückkehr nach Zion. Schaul – Jude unter Juden bis zuletzt – stimmt letztlich ein in die Bewegungen und Worte der uralten Gebetstradition. Vergessen die Berufung bei Damaskus, die Mühen der Missionsreisen. Selbst die Hoffnung auf eine Verbindung mit Christus in Sterben und Tod, die im Zentrum seiner theologischen Lehre stand, bleibt unbenannt. Die Sonne wird zur Hoffnungsmetapher, die Rückkehr nach Zion zum Heilsbild, die Messiashoffnung zur Visionskraft über alle Todesfurcht hinaus. Offen bleibt in diesem Gedicht, ob es sich dabei um eine in Jesus Christus erfüllte Messiashoffnung handelt oder um jene noch ausstehende Vision, die das Judentum bis heute auszeichnet.

Der Deuteweg in unserem Buch folgt einer anderen Spur. Aus christlicher Sicht wird Paulus als genialer Denker und Ausgestalter des Gedankens von der großen, Gleichheit und Befreiung schaffenden Osterbotschaft zum Ausgangspunkt aller Überlegungen, was Ostern bis heute bedeutet. Und wie Auferstehung zu denken ist.

12.

Grundvertrauen

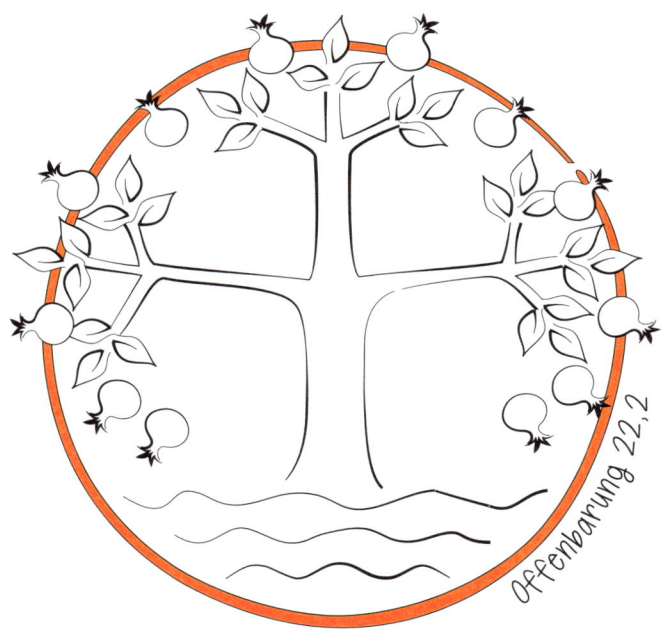

offenbarung 22,2

Lebenszuspruch
über den Tod hinaus

Sonnen-Christus

im schneckmaß
erkriechen die strahlen
das kreuz

schatten weichen
den spuren
des lichts

hell hebt sich
der corpus
dem aug zu

und sieh:
im himmelspuls
atmet das holz

arme
heben sich
dir entgegen

So viele Stimmen, so viele Bilder, so viele Verdichtungen: Ostern lässt sich nicht in *einer* Aussage fassen! Schon die Bibel lehrt uns: Das Kerngeheimnis des Christentums braucht vielfältige Annäherungen und immer wieder neue Umkreisungen. Rational fassbar und erweisbar ist es sowieso nicht. Umgekehrt steht es der Vernunft auch nicht entgegen.

Aber: Kann man das glauben, als aufgeklärter Mensch des einundzwanzigsten Jahrhundert? Dass Gott Jesus von Nazaret nicht im Tod ließ? Dass auch wir jenseits des Todes einem ›ewigen Leben‹ entgegensehen oder zumindest darauf hoffen dürfen? Auf ein ›Sein bei Gott‹, so unvorstellbar uns das auch sein mag?

Gerade an dieser Vorstellung hat die Religionskritik aller Zeiten eingesetzt. Ist all das nicht zu leicht durchschaubar: eine Wunsch-Projektion? Angetrieben von der Angst vor dem Nichts auf der einen, dem Wunsch nach ewiger Verlängerung des Lebens auf der anderen Seite? Diese Anfragen sind natürlich berechtigt. Nur: Spricht der Hinweis auf eine solche urmenschliche Sehnsucht automatisch gegen die Möglichkeit, dass ihr tatsächlich etwas entspricht? Ein derartiger Schluss wäre keineswegs logisch. Rein rational spricht genauso viel *für* die Möglichkeit eines ›ewigen Lebens‹ wie dagegen. Unentschieden. Objektiv unentscheidbar. Subjektiv sehr wohl.

Doch: ›Ostern‹ ist durchaus plausibel. Glaube ist im Kern genau das: Sein Leben vertrauensvoll auf eine gut begründete, wenn auch nicht beweisbare Vorgabe aufzubauen. Nur so funktionieren auch Beziehungen. Ohne grundlegende Setzungen ist Leben unmöglich. Im Wissen, dass sich diese Setzungen immer wieder bewähren müssen. Im Lichtstrahl von Ostern zu leben bedeutet, sein Leben auf die Hoffnung auf ein ›Wunder‹ aufzubauen. Das Osterwunder stellt letztlich den Wunderglauben aller anderen neutestamentlich überlieferten Wundererzählungen in den Schatten. Sie sind nur ›Vorübungen‹, im Einzelfall erzählerisch leicht zu durchschauen oder schlichte Einweisungen ins Staunen. Anders hier: Dieses Wunder gilt uns!

Welcher noch so kluge Weise, welche noch so subtil denkende Intellektuelle aber könnte mit Sicherheit ausschließen, dass dieses letzte, dieses wichtigste, dieses alles begründende Wunder eindeutig und objektiv beweisbar unmöglich sei? Der Osterglaube ist durchaus stringent, ist keinesfalls widervernünftig. Er verlangt aber einen Sprung über die Grenzen der empirischen Logik und über die Schranken des Beweisbaren hinaus. Dieses Geheimnis bleibt letztlich, so der Theopoet *Thomas Schlager-Weidinger*, »den hirnen entzogen / den herzen geschenkt« (*Schlager-Weidinger* 2016, S. 111).

Wie aber profiliert das Christentum diesen Glauben? Welche Vorstellungen werden der Einsicht gerecht, dass Osterfahrungen immer schon von einer radikalen »Ungleichzeitigkeit« (*Metz* 2011, S. 129) geprägt waren und bleiben? Wie sieht sie konkret aus, diese Hoffnung, auf die seit zweitausend Jahren Menschen ihr Leben und Sterben setzen? Was davon ist heute überzeugend? Was hält den bleibenden ›Thomas-Zweifeln‹, der zeitlosen ›Magdalenen-Blindheit‹, dem immer wieder neu aufflackernden ›Emmaus-Unverstand‹ und all den lähmenden ›Karsamstags-Schatten‹ stand?

Am dritten Tag erweckt? Vorstellungen von Zwischenstadien

Nun führen viele ausgesponnene Fäden dieses Buches zusammen. Immer wieder haben wir gesehen: Die Bibel warnt uns vehement gegen alle Versuchungen, vom ›Jenseits‹ in all zu scharf ausgeleuchteten Bildern der Weiterschreibung des irdischen Lebens zu reden.

Und nur zu gut erinnern wir uns an die Grundregeln der analogen Sprache: sprachliche Bildsetzungen sind immer mehr falsch als wahr, und doch unsere einzigen, nicht nur erlaubten, sondern gebotenen Möglichkeiten zur Annäherung an ›Unsagbares‹.

Gibt es eine *Zeit*, einen *Raum* ›nach dem Tod‹? Erfolgt die Auferweckung nach einer langen, wie immer zu denkenden Zwischenphase? Selbst die Theologie hat sich lange Zeit mit solchen Vorstellungen abgemüht. Hat Bilder des Purgatoriums, des ›Fegfeuers‹ entworfen, die dann ganz und gar sinnlos sind, wenn sie als Fortschreibung von Raum und Zeit verstanden werden. Aber legt nicht auch die Bibel eine solche Lesart nahe? Wurde Jesus nicht »am dritten Tag« auferweckt? Gab es nicht also auch für ihn eine ›Zwischenzeit‹?

Der dritte Tag ist, wir haben es gesehen, die klassische Zeitangabe für die Erwartung des Eingreifens Gottes. »Nach zwei Tagen gibt er uns das Leben zurück, / am dritten Tag richtet er uns wieder auf / und wir leben vor seinem Angesicht« (Hos 6,2), heißt es etwa beim Propheten Hosea. Der Prophet Jona wird seinerseits nach drei Tagen und drei Nächten aus dem Bauch des Wals wieder an Land gespült. Weitere Beispiele ließen sich anfügen. Nach jüdischem Verständnis handelt es sich dabei nicht (in erster Linie) um chronologische Bestimmungen, sondern um symbolische Aussagen. *Am dritten Tag* wird das Eingreifen Gottes erwartet. Dieser Gedanke wird auf den Auferweckungsglauben übertragen, der ja »die Schrift« (Joh 20,9) heranzieht, um das Geschehene zu verstehen.

Was heißt das für die Auferweckung Jesu, was für uns? »Am dritten Tage« wurde nicht Jesus auferweckt, an diesem Tage wurde ihm nahestehenden Menschen die erfolgte Auferweckung erschlossen. Sie war zuvor erfolgt. Wie und wann genau, wird nirgends erzählt. ›Zuvor‹ ist aber vielleicht schon falsch formuliert, weil der Begriff ja immer noch einer Zeitdimension verhaftet bleibt. Alle Vorstellungen einer Zwischenzeit und eines Zwischenreiches führen jedoch in die Irre. Wo sollte das sein? Wie sollte das sein? Die eigentliche Auferweckung erfolgt »*in* der Stunde des Todes« (*Trummer* 2016, S. 134) selbst. Hier hilft nur analoge, annähernde Sprache: Im Moment des Sterbens fällt der Mensch aus Zeit und Raum heraus, hinein in die – erbarmende – Unendlichkeit Gottes. Das »letztgültige Eintauchen in das Leben Gottes geschieht bereits im Tod« (ebd., S. 135), so betont auch Peter Trummer. So war das bei Jesus. So wird das bei uns sein. Zumindest dürfen wir hoffend darauf vertrauen. Das ist die Osterbotschaft. Wir versuchen eine letzte Annäherung, im Wissen darum, dass nun »jede Vorstellung und Bildsprache an ihre absolute Grenzen stößt« (ebd., S. 136).

Vom ›Leben nach dem Tod‹

Wie so oft bei grundlegenden Fragen und Antwortversuchen: Viel leichter als positive Beschreibungen sind Negativabgrenzungen. ›Ostern‹, ›Auferweckung‹, ›ewiges Leben‹ – bei alldem geht es nicht um eine Fortsetzung von Raum und Zeit (vgl. *Küng* 1992, S. 213 f.).

✳ Nach dem Tod erwartet uns nicht ein *Raum*, wie man im Begriff ›Himmel‹ meinen könnte. Da ist kein ›oben‹, kein ›darüber‹, auch wenn der Himmel im Sinne von ›sky‹ in seiner

Farbkraft, Weite, Lichtstärke und Umspannung ein gutes An-
näherungsbild für Kinder und Erwachsene sein kann.

✳ Im Tod erwartet uns keine anders gestimmte *Zeit*, so dass
schon die Rede von ›nach‹ dem Tod eigentlich in die Irre führt.
Zeitgebundenheit ist ein Signum unserer irdischen Existenz.
Sie verliert ›in der Ewigkeit‹ ihre Gültigkeit.

›Ewiges Leben‹ erfolgt außerhalb von Raum und Zeit. So wie Gott
außerhalb von Raum und Zeit ist. Schon das ist schwer, vielleicht
gar nicht zu denken. Jedenfalls kann man am Prüfstein dieser
Vorstellung hilfreiche Unterscheidungen treffen: Bilder, welche
diese Grundvorgabe nicht fördern, führen von vornherein in die
Irre. Andere sind vorsichtige Weg-Weiser. Etwa der folgende, sich
anschließende Gedanke über das ›ewige Leben‹: Außerhalb von
Raum und Zeit zu sein bedeutet nicht, beziehungslos zu Raum
und Zeit zu sein. So wie Gott ja in Beziehung zur Welt in diesen
Dimensionen von Raum und Zeit aufs Innerste verwoben ist. Wie,
das ist endgültig nicht mehr in Sprachbildern auszusagen.

Reine Negativabgrenzungen bleiben unbefriedigend. Das
Christentum geht weiter in seiner Bildlichkeit, auch wenn es uns
immer wieder daran erinnert, dass eben nur Bildlichkeit weiter-
führen kann. Was also macht unser ›Dort-Sein‹ aus? Ist es eine
rein geistige Existenz? Eine, in der sich das Individuelle auflöst?
Eine, die sich in einen bloßen Gedanken, eine reine Erinnerung
auflöst? Verschiedene Konkretionen darf man sich hier denken,
gewiss. Das Christentum bietet folgende an: Doch, es gibt eine
Verbindungslinie zwischen dem Individuum und seinem irdischem
Leben und ›dem danach‹, bei allen Abbrüchen und Veränderungen.

Die Rede von einer ›leiblichen Auferweckung‹ betont von Anfang an gerade diesen Punkt. Der irdische Leib vergeht. Ob Feuer- oder Erdbestattung, all das hat keinerlei Einfluss auf das ewige Leben der ›Seele‹. Aber es gibt eine Kontinuität hinüber in die andere Seinsweise.

Entscheidend: Diese ist von *Beziehung* geprägt. Denn das macht Person, Individualität, Seele, das macht unser Leben im Kern aus. Entscheidend in all den Erscheinungsberichten der Bibel ist dieser Punkt, sei es bei Maria von Magdala, bei Thomas, bei den Emmaus-Jüngern. Die Beziehungen setzen sich fort. In ihnen speichert sich Identität. In ihnen erfolgt tiefste Erkenntnis und Verbundenheit. Zu ihnen hin erfolgt die Magdalenensekunde, die Thomaswendung, das brennende Herz der Emmaus-Erkenntnis. Das ist der Kern der christlichen Zusage.

Keine Frage Trauernder geht tiefer als die immer und immer wieder gestellte: Werde ich den geliebten Menschen wiedersehen? Die österliche Antwort bleibt in ihrer Doppelgesichtigkeit eine Zumutung – und ein Zuspruch zugleich:

✳ *Nein*, denn ein ›Sehen‹ wird es im Jenseits nicht geben. Dieses Sprachbild ist zu stark an unseren sinnlichen Körper gebunden. Alle Versuche, Jesus durch ›Sehen‹ zu erkennen, werden im Neuen Testament zurückgewiesen. Es geht um ein inneres Erkennen.

✳ Deshalb auch: *Ja*, denn das, was unsere tiefste Identität ausmacht, existiert nur in den prägenden Beziehungen. »untrennbar / bleiben wir / in unserer umarmung // liebe schreit / nach ewigkeit« (*Schlager-Weidinger* 2012, S. 81), dichtet der Österreicher *Thomas Schlager-Weidinger* in einem seiner theopoetischen Texte zur Osterzeit. Ein ›Wiedersehen‹? Ganz anders. Real. Ganz anders, das bedeutet auch, dass diese Beziehungen nicht an die Grenzen der irdischen Ausprägung gebunden bleiben. Die Hoffnung besteht, dass sich Ärger und Hass auflösen, dass Einsamkeit überwunden wird, dass es Formen von Gemeinsamkeit gibt, die alle Trennungen hinter sich lassen. Nicht unsere engen Vorstellungen von Belohnung und Strafe, von Gericht und Gerechtigkeit, von notwendiger Reinigung und angemessener Vorbereitung bestimmen das letzte ›Sein bei Gott‹. Das sind Bilder der Traditionsgeschichte, die hier gar nicht im Einzelnen durchbuchstabiert werden sollen. Alle in irdischer Grammatik buchstabiert. Berechnungen innerhalb von menschgemachter Mathematik.

Die österliche Zusage geht in biblischen Ausmalungen darüber hinaus: »Braut und Hochzeitsmahl, das lebendige Wasser, der Baum des Lebens, das neue Jerusalem« werden dort aufgerufen, also »Bilder für Gemeinschaft, Liebe, Klarheit, Fülle, Schönheit und Harmonie« (*Küng* 1992, S. 241). Und gewiss, so sagt es der Dichter *Thomas Steinherr* in einem Gedicht unserer Zeit, um diese Bilder letztlich verstehen zu können, bräuchten wir »neue Augen / neue Ohren / eine neue Zunge / und eine neue Haut«. Nur so könnten wir »das Licht aushalten« (*Steinherr* 2007, S. 93), das ein weiteres Urbild für das versprochene ›Sein bei Gott‹ ist. Denn genau das ist die große Zusage, die von Ostern ausgeht: Im Sein bei Gott finden wir ›Heimat‹ in einem neuen Sein und einem neuen Licht. Zeit und Raum hinter sich lassen zu können – so der Kern der Zusage – ist letztlich nicht Verlust, sondern eine große Befreiung. Noch einmal selbstkritisch nachgefragt: Sind auch das letztlich nur fromme Wünsche? Für Gläubige nicht: Zusagen! Hoffnungsbilder! Absprungbretter für ein Leben aus Vertrauen.

Blicken wir auf einen Text, der sich ganz und gar dem Karfreitag stellt, die Karsamstags-Schatten aufnimmt und trotzdem über sich hinaus verweist. Kaum zufällig, dass er von einer jüdischen Dichterin stammt.

Hilde Domin: Über Karfreitag hinaus – Einarmigkeit überwinden

Ecce Homo

Weniger als die Hoffnung auf ihn

das ist der Mensch
einarmig
immer

Nur der gekreuzigte
beide Arme
weit offen
der Hier-Bin-Ich
Hilde Domin

»Ecce Homo« (*Domin* 1987, S. 345) wurde von *Hilde Domin* (1909–2006) 1965 geschrieben, erstmals 1970 publiziert. Die Dichterin, ohne Frage eine der wichtigsten Lyrikerinnen deutscher Sprache in der zweiten Hälfte des 20. Jahrhunderts, wuchs in einem liberalen, weltoffenen Judentum in Köln auf. Die Nazis vertrieben sie nach Mittelamerika, wo der Exilort Santo Domingo ihr den zweiten Namen gab. Von 1951 an lebte sie in Heidelberg. In wenigen schmalen, aber weit verbreiteten und einflussreichen Lyrikbänden thematisierte sie ihre Grund-Erfahrungen: Vertreibung, Flucht, Heimatsuche, den Umgang von Menschen miteinander, die Sehnsucht nach Glück, die häufig auch in biblischen Bildern formulierte unaufgebbare Hoffnung.

»Seht den Menschen, ecce homo!« (Joh 19,5): Dieses Pilatuswort über den abgeurteilten, gemarterten, leidenden, verhöhnten Jesus gibt dem kurzen – in nur ganz wenigen, aber sehr genau kalkulierten Worten gesetzten – Gedicht nicht nur den Titel, sondern zielt im Sinne einer Frage auf die Kernaussage: Was ist das, der Mensch? Das ganze Gedicht ist vor dem Hintergrund dieser oben bereits ausführlich ausgedeuteten Pilatusgeste und Pilatusfrage lesbar. Zugleich schwingt eine Aussage mit, die in dem zeitnah zum Gedicht entstandenen, 1966 gedruckten »Offenen Brief an Nelly Sachs« enthalten ist, in dem Hilde Domin schrieb: »Den Juden ist häufiger und krasser die Rolle des *Ecce Homo* zugefallen, aufgedrängt worden, als anderen.« (*Domin* 1992, S. 170) Das Schicksal des beschriebenen Menschen zeigt sich also in besonderem Maße im Leben vieler Juden.

Was ist der Mensch? Die erste, für sich allein stehende Zeile gibt eine erste Antwort: Der Mensch, das ist jemand, der stets hinter den Erwartungen an sich selbst zurückbleibt, der stets die auf ihn, auf sich selbst gesetzten Hoffnungen enttäuscht, stets sich selbst in seinen Ansprüchen verfehlt: »Weniger als die Hoffnung auf ihn«. Menschsein ist stets Mangel-Dasein, Fragment, Versuch, Stückwerk, gezeichnet von der Unfähigkeit zu Gesten liebender Hingabe, letztliches Scheitern. Der folgende Dreizeiler bestätigt diese Lesart in einem poetischen Bild: Einarmig ist der Mensch, aus Selbstverantwortung verkrüppelt, am Anspruch scheiternd, das zu sein und zu tun, was er eigentlich sein und tun könnte und müsste. Unbeholfen, unwillig, unfähig, sich und anderen zu helfen, oder wenn nicht unfähig, dann immer nur teilfähig.

Das aber ist nicht die ganze Antwort auf die Frage, was er sei, der Mensch. »Hoffnung« – in der ersten Zeile des Gedichtes programmatisch angesprochen – hat einen Zielpunkt, bekommt eine Perspektive, findet eine Vision: im »gekreuzigten«, der als poetische Kontrastfigur skizziert wird. Bewusst ist dieses Wort im Text kleingeschrieben. Ja, es geht hier zweifelsfrei einerseits um ihn, *den* Gekreuzigten, den ja auch im Gedichttitel assoziativ aufgerufenen Jesus von Nazaret, aber eben *nicht nur* um ihn. In der Kleinschreibung nimmt Hilde Domin all die anderen tatsächlich oder im übertragenen Sinne gekreuzigten Menschen in die folgende Aussage hinein. Was zeichnet den Gekreuzigten, die Gekreuzigten im Gegensatz zu den zuvor porträtierten ›normalen‹ Menschen aus? Wo der Mensch normalhin einarmig bleibt, verkrüppelt, unwillig und unfähig, da ist der Gekreuzigte zweiarmig, komplett, gerade weil sich diese Arme ausspannen zur weit geöffneten Einladung. Diese Offenheit bedingt freilich allergrößte Schutzlosigkeit und Verwundbarkeit – eben der bedingungslos Offene und Schutzlose

wird zum Gekreuzigten; der sich Öffnende, anderen in Liebe Zu-
neigende, zur Umarmung Bereite riskiert, zum Opfer zu werden.

Wie aber konkretisiert sich diese offene Einladung? Im »Hier-
Bin-Ich«, so die letzte, die Zielzeile des Gedichts. Das ist zum einen eine Anspielung auf die klassische Antwort von alttestament-
lichen Propheten auf ihre Berufung, wie etwa bei Samuel »Hier bin
ich« (1 Sam 3,4) und verweist so auf Jesus als einen der Propheten,
bereit zur Befolgung des göttlichen Willens bis zum Kreuz, bereit, sich dem an ihn gerichteten Ruf und den ihm abverlangten
Anforderungen zu stellen. Zum anderen ist dieser »Hier-Bin-Ich«
jedoch in der Großschreibung ein Verweis auf Gott selbst, auf
Jahwe: »Hier-bin-ich« verweist auf jene Gottesbezeichnung, mit
der sich Gott dem Mose aus dem brennenden Dornbusch als treuer,
sich sorgender, aufseiten der Menschen stehender und wirkender
Gott – als der »Ich-bin« – offenbarte (Ex 3,14). »Hier-Bin-Ich«, das
ist jener Gott, der sich im Zuspruch an den Menschen, in seinem
letzten und grundlegenden ›Ja‹ in der Bibel gezeigt hat.

Im Gekreuzigten – so deutet Domin an – zeigt sich Gott neu,
wird der Jahwe des Alten Testament neu sichtbar. Nach den Kriterien ›weltlicher Vernunft‹ absurd, in christlicher Perspektive aber
zentral: Ausgerechnet der Gekreuzigte wird zum Urbild erfüllten
Menschseins: der eine Gekreuzigte genauso wie all die anderen
ihm Vorangehenden, ihn Begleitenden, ihm Nachfolgenden. Gerade der Begriff ›Nachfolge‹ kann dabei missverstanden werden
als krampfhafte Leidsuche, als bedingungslos-ohnmächtiges Du-
cken unter unerklärliches Schicksal. Das ist hier nicht gemeint.
Vielmehr geht es um die Nachfolge in der Offenheit den anderen

Menschen gegenüber, jene Offenheit, die Jesus ›Nächstenliebe‹ genannt hat; Nachfolge als Versuch der ›Einarmigen‹, die sie öffnende ›Zweiarmigkeit‹ zu entdecken. So wird Hilde Domins »Ecce Homo« zu einer vorsichtig angedeuteten Wegweisung zu wahrem Menschsein, zu einer sehnsüchtig erhofften Alternative.

›Einarmigkeit‹ kann aber noch mehr bedeuten. Die von Hilde Domin gesetzten Bilder weisen über sich hinaus in Dimensionen, die über die ursprüngliche Textstruktur hinausgreifen. Über das Gedicht und den Kontext seiner Verfasserin hinausgehend, angeregt von ihr, sei so die folgende Weiterführung in eine christliche Deutewelt erlaubt. Wenn der Mensch »immer« »einarmig« ist, immer unter dem ihm eigentlich möglichen Potenzial zurückbleibt, dann *ähnelt* dieses Sprachbild dem, was man christlich in dem so missverständlichen und belasteten Begriff ›Ursünde‹/›Erbsünde‹ auszudrücken versucht: Der Mensch findet sich zerrissen zwischen den Anlagen zum Guten *wie* zum Bösen, und schafft es doch nie, nur das Gute (›Beidarmigkeit‹) umzusetzen.

Was aber wäre dann ›Beidarmigkeit‹? Es wäre ein unverbrauchtes Bild für ›Erlösung‹ als Überwindung von Erbsünde, als sehnsüchtig angestrebter Zustand eines Lebens, das die immerwährende Einschränkung überwindet. Ein Leben aus und in Umarmung. Und vermittelt wäre der Übergang vom Istzustand zu diesem Möglichkeitsbild über »den gekreuzigten«! Hilde Domins »Ecce Homo« erweist sich so als ein Karfreitagsgedicht, das in ganz eigener Spiritualität über sich selbst hinaus verweist. Und so eigene Deutungsräume eröffnet. Vielleicht die einer österlichen Hoffnung.

Ausblick

Schlagen wir abschließend einen Bogen zum Anfang dieses Buches: *Wovon man nicht sprechen kann, davon muss man erzählen?* Viele solcher biblischen Oster-Erzählungen haben wir zu Wort kommen lassen: um Maria von Magdala, um Thomas, um die Emmaus-Jünger. *Wovon man nicht sprechen kann, darüber muss man dichten?* Geben wir abschließend den Dichterinnen und Dichtern noch einmal das Wort. *Ein* Gedicht reicht dieses Mal nicht aus, schon weil es das eine, wirklich gute, vollauf überzeugende Ostergedicht genauso wenig gibt wie eine letztlich gelungene Darstellung von Ostern in literarischer Prosa. Das Geheimnis von Ostern entzieht sich offensichtlich selbst dem lyrischen Zugang, ist vielleicht am ehesten in Musik erschließbar.

Vorweggenommen in ein Haus aus Licht

Wenn Dichter sich dem Gedanken des ›ewigen Lebens‹ annähern, dann zunächst in der Perspektive, dass es ein Leben *vor* dem Tod gibt. Ostern wird zur Mahnung, die Gabe und den Wert des Lebens neu zu schätzen. ›Ewiges Leben‹ ist dann keine Chiffre für eine Existenz nach dem Tod, sondern für ein erneuertes Verständnis des Daseins jetzt und hier. In Kurt Martis wirkmächtigem Gedichtband »Leichenreden« aus dem Jahr 1969 steht dieser Gedanke im Zentrum: Wozu ruft »Er« uns auf? Eines der Gedichte endet eindeutig: »zur auferstehung heute und jetzt« (*Marti* 1989, S. 25).

Ein vergleichbarer Gedanke findet sich in einem Gedicht von *Marie Luise Kaschnitz* (1901–1974). Der Themenbereich von Tod, Auferweckung und Leben nach dem Tod gehört zu den wichtigsten Dimensionen des schriftstellerischen Wirkens der bekennenden evangelischen Christin, die sich freilich niemals als explizit ›christliche Dichterin‹ verstanden hat. Das Gedicht »Auferstehung« (*Kaschnitz* 1985, S. 306) stammt aus dem Gedichtband »Dein Schweigen – Meine Stimme« von 1962, der sich vor allem mit dem Weiterleben der Dichterin nach dem Tod des geliebten Ehemannes befasst.

Auferstehung

Manchmal stehen wir auf
Stehen wir zur Auferstehung auf
Mitten am Tage
Mit unserem lebendigen Haar
Mit unserer atmenden Haut.

Nur das Gewohnte ist um uns.
Keine Fata Morgana von Palmen
Mit weidenden Löwen
Und sanften Wölfen.

Die Weckuhren hören nicht auf zu ticken
Ihre Leuchtzeiger löschen nicht aus.

Und dennoch leicht
Und dennoch unverwundbar
Geordnet in geheimnisvolle Ordnung
Vorweggenommen in ein Haus aus Licht.
Marie Luise Kaschnitz

Auferstehung, das ist auch diesem Gedicht zufolge ein Ereignis, das sich nicht nach dem Tod, sondern mitten im Alltag ereignet. Es trifft uns »mit Haut und Haar«, ganz real, aber nicht so, dass sich die Welt deshalb von jetzt auf gleich radikal verändern würde – davon sprechen die ersten drei Versgruppen des Gedichtes. Keine Flucht in ein vermeintliches »Paradies« (»Fata Morgana von Palmen«), keine biblische inspirierte Vision von zahm gewordenen Raubtieren – Auferstehung betrifft »nur das Gewohnte«. Kein Fallen aus der Zeit, sondern ein Bleiben in diesem Körper, in dieser raum-zeitlichen Wirklichkeit.

Aber was zeichnet dann Auferstehung aus? Die abschließende Versgruppe versucht nicht nur Absagen an vermeintlich ›falsche‹ Auferstehungsbilder zu zeichnen, sondern eigene positive Setzungen: »Leicht« fühlen und wissen sich Menschen, die solche Auferstehungs-Erfahrungen inmitten des Lebens machen, »unverwundbar« und »geordnet« nach nicht menschbestimmter Ordnung. Diese Leichtigkeit, Unverwundbarkeit und Ordnung ist gegründet in dem Gefühl, aufgenommen zu sein in – so nun die Zentralmetapher – ein »Haus aus Licht«. Doch nicht im Sinne einer Entrückung, sondern im Gefühl einer »Vorwegnahme«. Mit diesem Begriff deutet die Lyrikerin auf eine andere Dimension.

273

Zwar beschreibt »Auferstehung« in diesem Gedicht ganz und gar ein diesseitiges Ereignis, im Alltag, in unserem Körper und unserem Umfeld, aber was dort erfahren wird, ist »Vorwegnahme« einer anderen Realität. Auferstehung im Leben ist so Vorerfahrung eines anderen Seins, das hier nicht näher beschrieben wird.

Ein Leben nach dem Tode

Marie Luise Kaschnitz wird auch diese Vorstellung gleichwohl aufgreifen. Das mehrteilige Langgedicht »Jenseits«, 1965 veröffentlicht, spielt Fragen und bildhafte Vorstellungen durch; »etwas doch noch« möge sich dort, im Jenseits finden, »ein Bewusstsein Liebesbewusstsein« (ebd., S. 413), erhofft sich die Gedichtsprecherin hier. Wie eine direkte Weiterführung dieser Gedanken wirkt schließlich ein Gedicht, das die Lyrikerin 1972, also zwei Jahre vor ihrem Tod im Jahre 1974, veröffentlichte. Bewusst greift sie das Thema noch einmal auf, nun jedoch in noch einmal anderer formalen wie inhaltlichen Gestaltung. Das zu Recht bekannte Gedicht »Ein Leben nach dem Tode« (*Kaschnitz* 1985, S. 504 f.) liest sich so:

Glauben Sie fragte man mich
An ein Leben nach dem Tode
Und ich antwortete: ja
Aber dann wusste ich
Keine Auskunft zu geben
Wie das aussehen sollte

Wie ich selber
Aussehen sollte
Dort

Ich wusste nur eines
Keine Hierarchie
Von Heiligen auf goldnen Stühlen sitzend
Kein Niedersturz
Verdammter Seelen
Nur

Nur Liebe frei gewordne
Niemals aufgezehrte
Mich überflutend

Kein Schutzmantel starr aus Gold
Mit Edelsteinen besetzt
Ein spinnwebenleichtes Gewand
Ein Hauch
Mir um die Schultern
Liebkosung schöne Bewegung
Wie einst von tyrrhenischen Wellen
Wie von Worten die hin und her
Wortfetzen
Komm du komm

Schmerzweb mit Tränen besetzt
Berg-und-Tal-Fahrt
Und deine Hand
Wieder in meiner

So lagen wir lasest du vor
Schlief ich ein
Wachte auf
Schlief ein
Wache auf
Deine Stimme empfängt mich
Entlässt mich und immer
So fort

Mehr also fragen die Frager
Erwarten Sie nicht nach dem Tode?
Und ich antworte
Weniger nicht.

Marie Luise Kaschnitz

Kaschnitz nimmt uns hinein in einen fiktiven, möglicherweise auf tatsächlicher Begegnung beruhenden Dialog: Ein Leben nach dem Tode? ›Ja!‹, danach befragt bestätigt die Gedichtsprecherin ihren diesbezüglichen Glauben. Aber ›nein!‹, keiner weiß wohl, wie das konkret aussehen soll, wie wir selbst aussehen, »dort«. Und doch wagt die Dichterin hier die Setzung eigener Bilder, die nun noch einmal über die in ihrem ersten Gedicht angedachte ›Auferstehung ins Leben‹ hinausgehen und wie eine Konkretisierung der zuvor gewählten Metapher des »Hauses aus Licht« wirken.

Die Hoffnung auf »frei gewordne« Liebe, die Kaschnitz hier in Erinnerung an glückliche Tage mit dem verstorbenen Ehemann konkretisiert, die Hoffnung auf immer wieder neu präsentisches

Beisammensein, sie bestimmt die dann in Versen geschilderte Vision. Nicht all die Klischees von himmlischer Hierarchie, von Heiligen und Verdammten, von Prunk, Gold und Juwelen – sondern Leichtigkeit, ein Hauch, Liebkosung, Austausch, Aufwachen und Einschlafen im Rhythmus vertrauter Gemeinschaft, diese Bilder setzt das Gedicht in die Vorstellungslandschaft des ›ewigen Lebens‹. Und die Frager? Scheinen enttäuscht, denken wohl ›so wenig‹, und Kaschnitz lässt ihre Gedichtsprecherin sinngemäß antworten: ›so viel‹. Lyrische Glaubenssprache, bewusst zurückgenommen in den Bereich der nur in Fragment und Assoziation möglichen Sehnsuchtsrede, der Hoffnungssprache über den Tod hinaus: In diesem Gedicht wird das »Leben nach dem Tode« in ganz persönlicher Hoffnungssprache neu buchstabiert. Wovon man nicht sprechen kann, darüber muss man dichten …

Freies Geleit

Die immer wieder neu gestellte, für Menschen und von Menschen nicht abschließend beantwortbare Frage bleibt jedoch bestehen: Wie aber wird er sein, der Prozess des Sterbens, der Übergang vom irdischen zum ewigen Leben? Am Schluss dieses Osterbuches soll ein Gedicht von *Heinz Piontek* (1925–2003) stehen, das sich diesem Gedanken direkt widmet. Piontek war ein Lyriker, dessen Werk vor allem Naturbetrachtungen, Reflexionen über Alltagsleben und philosophische Besinnungen enthält. Vielfach werden dabei biblische Anspielungen aufgenommen und religiöse Gedanken vorsichtig tastend formuliert. Das Gedicht »Freies Geleit« (*Piontek* 1982, S. 258 f.) stammt aus dem 1978 erschienenen Gedichtband »Wie sich Musik durchschlug«:

Freies Geleit

Da wird ein Ufer
zurückbleiben.
Oder das End eines
Feldwegs.

Noch über letzte Lichter hinaus
wird es gehen.

Aufhalten darf uns
niemand und nichts!

Da wird sein
unser Mund
voll Lachens –

Die Seele
reiseklar –

Das All
nur eine schmale
Tür,

angelweit offen –
Heinz Piontek

Wie mehrfach in seinem Werk reflektiert Piontek hier über das Ende des Lebens. Wie wird es sein, das Sterben? Wie wird er sein, der Aufbruch der Seele in die Unsterblichkeit, auf die der Gedichtsprecher hofft? Kann man solche Gedanken überhaupt in Worte fassen? Piontek wagt es, Bildfetzen aufzurufen, anzutippen, stehen zu lassen. Andeuten, kurz berühren – anders kann man solche Gedanken nicht äußern. Das Thema selbst wird in den ersten Versgruppen nur umrissen, erschließt sich erst durch das ganze Gedicht.

Erstes Bild, unvermittelt direkt durch »da wird« vor Augen gestellt: Was wird zurückbleiben? »Ein Ufer« oder »das End eines Feldwegs« – der Aufbruch aus dem Leben wird zunächst mit Aufbrüchen auf konkreten Lebenswegen verglichen. Der Ort, an dem eben noch der Fuß stand, bleibt schlicht zurück, man sieht ihn förmlich kleiner und kleiner werden. Zweites Bild, nun voraus gerichtet: Es geht »über letzte Lichter« hinaus, über die Grenzen des Bewohnten, Zivilisierten. Dieser Aufbruch sprengt andere Aufbrüche. In der dritten Versgruppe verändern sich Ton und Rahmen: »Wir« erleben diesen Aufbruch, als Sprecher des Textes sind mindestens zwei Personen zu denken. Keine einsame Reise wird beschrieben, sondern gemeinsames bewusstes Handeln: »Niemand und nichts« kann und soll den Aufbruch verhindern.

Die vierte Versgruppe greift rhythmisierend die Einleitung zum ersten Vers auf. »Da wird«. Doch nun wendet sich der Blick nach innen, auf die eigene Haltung dem Aufbruch gegenüber: »unser Mund voll Lachens«. Als Prätext wird auf *Rilkes* bekanntes Todesgedicht »Schluszstück« aus dem »Buch der Bilder« angespielt, 1901 verfasst: »Der Tod ist gross. / Wir sind die Seinen / lachenden

279

Munds.« (*Rilke* 1988, S. 112) Neben und eigentlich vor Rilke wird hier aber auch ein biblisches Motiv aufgegriffen. In Psalm 126 wird eine Freudenvision beschrieben. Erinnerung an Vergangenheit soll Mut zur Gegenwartsbewältigung und Zukunftshoffnung wecken. Wie war das, als der Herr das Los der Gefangenschaft Zions wendete? »Da war unser Mund voll Lachen« (Ps 126,2).

Mit dieser doppelten Anspielung wird nun endgültig klar, dass es sich um ein Gedicht über das Sterben und die darüber hinausgehende österliche Sehnsuchtshoffnung handelt. »Lachenden Munds« – diese von Rilke vorgegebene Haltung übernimmt Piontek, der Sterben als Befreiung beschreibt. Doch er geht weiter: »Die Seele reiseklar«. Das Gedicht setzt die Existenz der Seele voraus, sie ist reiseklar. Wohin geht die Reise? Auch hier wagt Piontek ein Bild: Ziel ist »das All«, doch das ist nur eine »schmale Tür«. Die Tür aber ist »angelweit offen« – und stimmig endet auch das Gedicht selbst mit dem offenen Gedankenstrich. Hier wird ein zweites Mal ein biblisches Bild assoziativ eingespielt: In der Apostelgeschichte wird Stephanus kurz vor der Steinigung die Vision in den Mund gelegt: »Ich sehe den Himmel offen!« (Apg 7,56) Diese österliche, heilsgeschichtliche Vision übernimmt der Gedichtsprecher. Der ungehinderte, durch »freies Geleit« geschützte Aufbruch beschreibt die sehnsüchtig erhoffte Reise der Seele. Am Ende steht der über sich selbst hinaus verweisende Bindestrich, der Hier und Dort verbindet, verbinden soll. Er markiert das Ende der sprachlichen Fassbarkeit.

Piontek zeigt auf: Die letzten Sehnsüchte und Hoffnungen lassen sich wenn, dann nur offen formulieren. Nicht in Definition, sondern in Andeutung; nicht im Zugriff, sondern durch bildhafte Umschreibung: nicht mittels des Begriffs eines ›ewigen Lebens‹, sondern als Hinweis darauf, wofür dieses Wort letztlich steht: »Ostern ist jetzt, und jetzt, und jetzt« (*Handke* 2016, S. 100).

Quellenverzeichnis

S. 12   *Drewitz, Ingeborg*: Ostern, in: *dies.*: Die Samtvorhänge. Erzählungen – Szenen – Berichte (Gütersloh 1978), S. 124, © bei
der Rechtsnachfolge

S. 19   *Walter, Silja*: Ich kann das Absolute nicht beschreiben, in: *dies.*:
Gesamtausgabe Band 6. Prosa I (Freiburg i. Üe. 2001), S. 193 f.,
© Paulusverlag bei Herder AG, Basel

S. 45   *Fried, Erich*: Kreuzweg, in: *ders.*: Gesammelte Werke, Gedichte 1, hg. v. Volker Kaukoreit / Klaus Wagenbach (Berlin
1993), S. 82, © Verlag Klaus Wagenbach, Berlin 1993

S. 78 f.   *Prachtl, Rainer*: Am Steinkreuz, in: *ders.*: Fremder Sommer.
Gedichte (Paderborn 1994), S. 27, © beim Autor

S. 97   *Heym, Georg*: Pilatus, in: *ders.*: Gedichte, hg. v. *Stephan Herm-
lin* (Frankfurt 1966), S. 96

S. 117 f.   *Wiemer, Rudolf Otto*: Der Hahn, in: *ders.*: Ernstfall. Gedichte
(Stuttgart 1963), S. 72, © J. F. Steinkopf Verlag GmbH, Kiel

S. 132   *Maiwald, Peter*: Judas-Versionen, in: *ders.*: Balladen von Sams-
tag auf Sonntag. Gedichte (Stuttgart 1984), S. 85, © Deutsche
Verlags-Anstalt, München, in der Verlagsgruppe Random
House GmbH, 1984

S. 150   *Marti, Kurt*: am holz, in: *ders.*: geduld und revolte. die gedichte am rand (Stuttgart 1995), S. 66, © Radius-Verlag
GmbH, Stuttgart

S. 164 f.   *Detering, Heinrich*: Nach Golgatha, in: *ders.*: Wrist. Gedichte
(Göttingen 2009), S. 71, © Wallstein Verlag, Göttingen 2009

S. 188 f.   *Peikert-Flaspöhler, Christa*: Maria aus Magdala, in: *dies*:
Niemals mehr wollen wir sprachlos sein. Frauen der Bibel –
Frauen heute (Limburg 1993), S. 117 f., © Lahn-Verlag in der
Butzon & Bercker GmbH, Kevelaer 1993, www.bube.de

S. 210 f.   *Weißenborn, Theodor*: Glaubens-Zweifel, in: *ders.*: Blasphemie.
Ärgernisse / Bes?ernisse. Texte zur Meditation und Diskussion
(Neumünster 1992), S. 51, © beim Autor

S. 233 *Knapp, Andreas*: osterspaziergang, in: *ders.*: Heller als Licht. Biblische Gedichte (Würzburg 3. Aufl. 2016), S. 72, © Echter Verlag, Würzburg 2016

S. 252 f. Werfel, Franz: Der Tod des Paulus. Gedicht, in: *ders.*: Das lyrische Werk, hg. von A. D. Klarmann (Frankfurt 1967), S. 577 f.

S. 265 *Domin, Hilde*: Ecce Homo, in: *dies.*: Sämtliche Gedichte (Frankfurt 1987), S. 345, © S. Fischer Verlag GmbH, Frankfurt am Main 2009

S. 272 f. Kaschnitz, Marie Luise: Auferstehung, in: *dies.*: Gesammelte Werke, Bd. 5: Die Gedichte, hg. von *Christian Büttrich / Norbert Miller* (Frankfurt 1985), S. 306, © bei der Rechtsnachfolge

S. 274 f. Kaschnitz, Marie Luise: Ein Leben nach dem Tode, in: *dies.*: Gesammelte Werke, Bd. 5: Die Gedichte, hg. von *Christian Büttrich / Norbert Miller* (Frankfurt 1985), S. 504 f., © Insel Verlag, Frankfurt am Main 1985. Alle Rechte bei und vorbehalten durch Insel Verlag Berlin.

S. 278 *Piontek, Heinz*: Freies Geleit, in: *ders.*: Früh im September. Werke. Band 1: Die Gedichte – Gedichte aus fremden Sprachen (München 1982), S. 258–259, © Anton Hirner, Lauingen

Empfehlenswerte Literatur

Berg, Horst Klaus und Sigrid (Hg.): Auferstehung. Verwandlung ins Leben. Biblische Texte verfremdet 12 (München / Stuttgart 1990)

Bösen, Willibald: Der letzte Tag des Jesus von Nazaret. Was wirklich geschah (Freiburg 1994)

Diederichs, Ulf (Hg.): Ostern. Ein Spaziergang um die Welt (München 2011)

Kuschel, Karl-Josef: Passion und Kreuz in der Gegenwartsliteratur, in: *Hubert Irsigler / Godehard Ruppert* (Hg.): Ein Gott, der Leiden schafft? Leidenserfahrungen im 20. Jahrhundert und die Frage nach Gott (Frankfurt 1995), S. 59–75

Langenhorst, Georg: Die Absurdität von Kreuz, Kreuzigung und Ge-
kreuzigtem. Auf den Spuren der Gegenwartsliteratur, in: Renova-
tio 53 (1997), S. 39–51

ders.: »Ein Haus aus Licht«. Literarische Annäherungen an das ewige
Leben, in: *ders.* (Hg.): Ewiges Leben – Oder das Ende einer Illu-
sion (Berlin 2010), S. 145–161

Lohfink, Gerhard: Der letzte Tag Jesu. Was bei der Passion wirklich
geschah (Stuttgart 2009)

Lüdemann, Gerd/Alf Özen: Was mit Jesus wirklich geschah. Die Auferstehung historisch betrachtet (Stuttgart 1995)

Page, Nick: Die letzten Tage Jesu. Protokoll einer Hinrichtung (München 2011)

Razum, Christine (Hg.): Nach Golgatha – um der Hoffnung willen.
Passions- und Ostertexte aus unserer Zeit (Basel 1997)

Schlager-Weidinger, Thomas: sperrige nächte. gedichte zur fasten- und
osterzeit (Würzburg 2012)

ders.: offene morgen. theopoetische texte zur fasten- und osterzeit
(Würzburg 2016)

Striet, Magnus: Gottes Schweigen. Auferweckungssehnsucht – und
Skepsis (Ostfildern 2015)

Trummer, Peter: Auferstehung jetzt – Ostern als Aufstand. Theologische Provokationen (Freiburg 2016)

Vermes, Geza: Die Passion. Die wahre Geschichte der letzten Tage im
Leben Jesu (Darmstadt 2006)

Vinçon, Herbert (Hg.): Osterspaziergänge. Erzählungen und Gedichte
zum Ostergeschehen (Gütersloh 1995)

ders. (Hg.): Osterfreude. Erzählungen und Gedichte zum Ostergeschehen (Gütersloh 1998)

Wilckens, Ulrich: Auferstehung. Das biblische Auferstehungszeugnis
historisch untersucht und erklärt (Stuttgart/Berlin 1970)

LITERATUR

Weitere im Text benannte Werke

Bauschke, Martin: Jesus im Koran. Ein Schlüssel zum Dialog von Christen und Muslimen (Erftstadt ²2007)

Böttrich, Christfried: Petrus. Fischer, Fels und Funktionär (Leipzig 2001)

Bühler, Pierre / Andreas Mauz (Hg.): Grenzverkehr. Beiträge zum Werk Kurt Martis (Göttingen 2016)

Demandt, Alexander: Pontius Pilatus (München 2012)

Dieckmann, Bernhard: Judas als Sündenbock. Eine verhängnisvolle Geschichte von Angst und Vergeltung (München 1991)

Domin, Hilde: Gesammelte autobiographische Schriften. Fast ein Lebenslauf (München 1992)

Fenske, Wolfgang: Der Lieblingsjünger. Das Geheimnis um Johannes (Leipzig 2007)

France, Anatole: Der Statthalter von Judäa, ¹1892, in: *ders.*: Blaubarts sieben Frauen und andere Erzählungen (Frankfurt 1981), S. 42–56

Gnilka, Joachim: Johannesevangelium. Die Neue Echter Bibel (Würzburg 1983)

ders.: Das Matthäusevangelium. Herders Theologischer Kommentar zum Neuen Testament (Freiburg/Basel/Wien 1988)

ders.: Paulus von Tarsus. Zeuge und Apostel (Freiburg/Basel/Wien 1996)

Handke, Peter: Vor der Baumschattenwand nachts. Zeichen und Anflüge von der Peripherie 2007–2015 (Salzburg/Wien 2016)

Heiligenthal, Roman / Axel von Dobbeler: Menschen um Jesus. Lebensbilder aus neutestamentlicher Zeit (Darmstadt 2001)

Jens, Walter: Der Fall Judas (Stuttgart 1975)

ders.: »Ich, ein Jud«. Verteidigungsrede des Judas Ischariot [1]1989, in: *ders.*: Zeichen des Kreuzes. Vier Monologe (Stuttgart 1994), S. 21–39

Kähler, Martin: Der sogenannte historische Jesus und der geschichtliche, biblische Christus [1]1892 (München 1956)

Kaukoreit, Volker: Vom Exil bis zum Protest gegen den Krieg in Vietnam. Frühe Stationen des Lyrikers Erich Fried. Werk und Biographie 1938–1966 (Darmstadt 1991)

Kirchhoff, Hermann: Christliches Brauchtum. Feste und Bräuche im Jahreskreis. Sonderausgabe (München [2]2004)

Klauck, Hans-Josef: 1. Korintherbrief. Die Neue Echter Bibel (Würzburg 1984)

Knapp, Andreas: Sucht neue Worte, das Wort zu verkünden. Gedanken und Gedichte auf dem Weg zu einer neuen religiösen Sprache, in: euangel. magazin für missionarische pastoral 1/2017, S. 1–13

Kompendium der Glaubensbekenntnisse und kirchlichen Lehrmeinungen (Freiburg [43]2010)

Kopp-Marx, Michaela / Georg Langenhorst (Hg.): Die Wiederentdeckung der Bibel bei Patrick Roth. Von der »Christus-Trilogie« bis »SUNRISE. Das Buch Joseph« (Göttingen 2014)

Kremer, Jacob: Lukasevangelium. Die Neue Echter Bibel (Würzburg 1988)

Krieg, Matthias / Gabrielle Zangger-Derron (Hg.): Judas. Ein literarisch-theologisches Lesebuch (Zürich 1996)

Küng, Hans: Credo. Das Apostolische Glaubensbekenntnis – Zeitgenossen erklärt (München 1992)

Kurz, Paul Konrad: Die Auferstehung als Psychodrama. Patrick Roths Erzählung »Corpus Christi«, in: Stimmen der Zeit 214 (1996), S. 497–500

LITERATUR

Kuschel, Karl-Josef: Im Spiegel der Dichter. Mensch, Gott und Jesus in der Literatur des 20. Jahrhunderts (Düsseldorf 1997)

Langenhorst, Georg: Botschaft für Teresa. Eine Ostererzählung (Donauwörth 2006)

ders.: »Ich gönne mir das Wort Gott«. Annäherungen an Gott in der Gegenwartsliteratur (Freiburg 2014)

ders.: Als ein Kind bist du gekommen. Die Weihnachtsbotschaft neu entdeckt (Freiburg 2016) 2016a

ders.: Trialogische Religionspädagogik. Interreligiöses Lernen zwischen Judentum, Christentum und Islam (Freiburg 2016) 2016b

Lehnert, Christian: »Glaube lässt sich nicht in Dogmen verfestigen«. Gespräch, in: Herder Korrespondenz 6/2017, S. 19–23

Märtin, Ralf-Peter: Pontius Pilatus. Römer, Ritter, Richter (München/Zürich 1989)

Marti, Kurt: Leichenreden (Darmstadt 1989)

ders.: Gott im Diesseits. Versuche zu verstehen (Stuttgart 2005)

Mauch, Christoph (Hg.): Kurt Marti. Texte, Daten, Bilder (Frankfurt 1991)

Metz, Johann Baptist: Mystik der offenen Augen. Wenn Spiritualität aufbricht (Freiburg/Basel/Wien 2011)

Meures, Franz: »Er ist nicht hier«. Osterglaube als Teilhabe an der Gottesferne, in: Herder Korrespondenz spezial: Gottlos? – Von Zweiflern und Religionskritikern (Freiburg 2014), S. 61–64

Morgenroth, Matthias: Weihnachts-Christentum. Moderner Religiosität auf der Spur (Gütersloh 2002)

Most, Glenn W.: Der Finger in der Wunde. Die Geschichte des ungläubigen Thomas (München 2007)

Musil, Robert: Der Mann ohne Eigenschaften. Roman ¹1930–1943, hg. von *Adolf Frisé*, (Reinbek 2001)

Pemsel-Maier, Sabine: Gott und Jesus Christus. Orientierungswissen Christologie (Stuttgart 2016)

Petersen, Silke: Maria aus Magdala. Die Jüngerin, die Jesus liebte (Leipzig 2011)

Rilke, Rainer Maria: Das Buch der Bilder ¹1906 (Wiesbaden 1988)

Roth, Patrick: Ins Tal der Schatten. Frankfurter Poetikvorlesungen (Frankfurt 2002)

ders.: Magdalena am Grab (Frankfurt/Leipzig 2003)

ders.: Die Christus-Trilogie. Kommentierte Ausgabe (Göttingen 2017)

Schnackenburg, Rudolf: Das Johannesevangelium 13–21. Herders Theologischer Kommentar zum Neuen Testament (Freiburg/Basel/Wien 1975)

Schreiber, Stefan: Die Anfänge der Christologie. Deutungen Jesu im Neuen Testament (Neukirchen-Vluyn 2015)

Steiner, George: Von realer Gegenwart. Hat unser Sprechen Inhalt? Mit einem Nachwort von *Botho Strauß* (München 1990)

Steinherr, Thomas: Von Stirn zu Gestirn. Gedichte (München 2007)

van Ruysbeek, Erik/Messing, Marcel: Das Thomasevangelium. Seine östliche Spiritualität (Zürich/Düsseldorf 1993)

Wiese, Hans-Ulrich: Karsamstagsexistenz. Auseinandersetzung mit dem Karsamstag in Liturgie und moderner Kunst (Regensburg 2002)

Wittgenstein, Ludwig: Logisch-philosophische Abhandlungen – Tractatus logico-philosophicus ¹1922 (Frankfurt 2001)

Ziebertz, Hans-Georg/Boris Kalbheim/Ulrich Riegel: Religiöse Signaturen heute. Ein religionspädagogischer Beitrag zur empirischen Jugendforschung (Gütersloh/Freiburg 2003)